하루 10분, 작은 습관이 만드는 커다란 변화

영어 필사
100일의 기적

영어 필사 100일의 기적

지은이 퍼포먼스 코치 리아 (Leah Jean Kim)
펴낸이 임상진
펴낸곳 (주)넥서스

초판 1쇄 발행 2021년 11월 10일
초판 73쇄 발행 2024년 3월 18일

출판신고 1992년 4월 3일 제311-2002-2호
주소 10880 경기도 파주시 지목로 5
전화 (02)330-5500 팩스 (02)330-5555

ISBN 979-11-6683-151-5 13740

www.nexusbook.com

퍼포먼스 코치 리아 지음
Leah Jean Kim

하루 10분, 작은 습관이 만드는 커다란 변화

영어 필사
100일의 기적

넥서스

미국에서 학교에 다닐 때, 선생님과 반 친구들은 내가 말을 할 때마다 "What?"이라며 되묻곤 했다. 반 아이들은 내가 잘못 사용한 영어로 나를 놀리기 일쑤였고, 그로인해 나는 점점 위축되었다. 영어를 잘하지 못해 얼굴이 화끈거렸던 적은 그 이후로도 계속되었다.

하지만, 현재 나는 미국의 간호사, 헬스 코치, 자녀가 6명인 엄마, 마케터, 선생님, 대학 교수, 사업가 등 다양한 분야의 원어민들에게 영어로 라이프 코칭을 하고 있다. 라이프 코칭은 그들이 진정으로 원하는 목표를 가로막는 제한된 믿음을 깨뜨리고, 내면의 힘을 발견할 수 있도록 돕는 일이다. 영어를 두려워 했던 내가 영어를 도구로 사람들에게 도움을 줄 수 있는 일을 하게 된 것이다.

어떻게 나는 이런 변화를 겪게 되었을까?
이 책을 읽으며 써 보는 독자들은 모두 그 방법을 자연스레 알게 될 것이다. 지금 내 옆에 내가 가장 사랑하는 사람이 있다고 생각하고, 그 사람에게 영어 실력을 높일 수 있는 딱 한 가지 방법을 알려줘야 한다면 나는 주저 없이 이렇게 얘기해 줄 것이다.

"나 자신의 가치를 높여 주는 콘텐츠에 대한 노출을 높여 보세요."

나는 내게 위로가 되고, 나의 성장을 돕고, 내 마음에 풍요로움을 가져다주는 책과 영상을 보면서 영어를 '도구'로 사용할 수 있게 되었다. 나를 위축시키는 독해 '공부', 문법 '공부', 단어 '공부'에 얽매이지 않고, 내 마음에 울림을 주는 문장을 필사해 보고, 소리 내어 읽어 보면서 내면의 발전과 함께 영어적인 능력도 키울 수 있었다. 내가 하고 싶은 생각과 말이기에 자연스레 속으로 되뇌고 찾아보고 사랑하게 되었다.

지금 당신이 예전의 나처럼 영어 때문에 위축되어 있고 "I'm not good enough(난 부족한 사람이야)."라는 마음이 든다면, "You are perfect(당신은 완벽하다)."라는 이야기를 꼭 해 드리고 싶다. 당신이 부족해서 영어를 공부하는 것이 아니라, 자신을 사랑하기에 더 많은 행복을 가져다줄 유용한 도구를 익히는 것일 뿐이다. "English is just a very useful tool(영어는 단지 아주 유용한 도구일 뿐이다)."라는 사실을 잊지 말자.

이 책은 당신의 생각과 마음을 풍요롭게 해 주고, 당신의 잠재력을 확장해 주고, 당신이 주변 사람들을 도와줄 수 있게 만들어 주는 책이다. 그리고 그 놀라운 일들에 영어가 자유롭게 도구로 사용되는 놀라운 경험을 하시길 바라는 마음으로 이 책을 집필했다. 이 책을 선택한 독자분들도 그런 경험을 꼭 하시기를 진심으로 바란다.

퍼포먼스 코치 리아 (Leah Jean Kim)

• Contents •

● ● ● ● ●

<영어 필사 100일의 기적>을 이렇게 사용하시면 좋아요.

〈영어 필사 100일의 기적〉은 매일 꾸준히 따라 쓰시는 것이 가장 좋습니다. 하지만, 사람마다 자신에게 가장 효과적인 방법은 다 다를 수 있어요. 예를 들어 저는 매일 무언가를 꾸준히 하는 것을 잘 못합니다. 한때는 이런 저를 의지력이 약한 사람이라고 책망하기도 했지만, 코칭을 받은 이후로 제 자신과 친밀해지면서 저를 존중하게 되었습니다. 그래서 사람들이 정해 놓은 기준에 얽매이기보다는 본질적인 목적인 내 삶의 성장과 결과에 집중하기 시작했습니다.

저는 다양한 것에 열정을 가지고 있고 호기심도 많습니다. 책을 읽는 것을 사랑하고, 새로운 것을 배우는 것도 사랑합니다. 하지만 새로운 활동을 100일간 꾸준히 하지 못할 때도 있습니다. 필사를 예로 든다면, 2주 동안은 매일 쓰다가도 어느 정도 시간이 지나면 쓰지 않기도 합니다. 그러다 며칠을 몰아서 쓰기도 하고, 마음이 약해졌을 때만 꺼내서 읽고 원하는 문장만 반복해서 쓰기도 합니다.

이 책을 가장 잘 활용할 수 있는 본인만의 방법을 찾아 보세요. 100일간 꾸준히 쓰는 것이 가장 좋지만, 그렇게 하지 못했다고 "난 의지력이 약해"라며 자신을 책망하거나 포기할 필요도 없습니다. 저처럼 어떤 날은 몰아서, 어떤 날은 마음에 와닿는 문장만 쓰셔도 됩니다. '내 삶의 성장과 결과'라는 목적이 '매일 100일'이라는 수단보다 훨씬 중요하기 때문입니다. 이 책의 모든 것이 독자분을 위한 도구로 편안하고 자유롭게 사용됐으면 좋겠습니다. 결과는 선물처럼 따라올 거예요.

원어민 MP3

www.nexusbook.com
원어민 MP3 무료 다운로드 가능

PART 01

Courage

"Now you are standing in the arena
that you chose to be in,
going all in, giving it all you've got."

- from Day 1 -

"지금 당신은 당신이 선택한
경기장에 서 있습니다.
전력을 다해서 , 가진 것을 다 바치고 있죠."

You are brave.

You are brave.

Your life was not easy.

In fact, no one gets to live an easy life, no matter how flawless it seems from the outside. You are not an exception. This means that you are standing here today, because you've made it through those challenging times.

You've been a victim, a survivor, and a hero.

You didn't run away or give up on your life.

You stayed alive and showed up.

Now you are standing in the arena that you chose to be in, going all in, giving it all you've got.

You are already brave. You are already a hero.

That's who you are.

● ● ●

당신은 용감합니다.

당신은 용감합니다. 당신의 삶은 쉽지 않았습니다. 사실 아무리 겉보기에는 흠잡을 데가 없어 보여도 쉬운 삶을 사는 사람은 아무도 없습니다. 당신도 예외는 아닙니다. 그것은 당신이 그 힘든 시기를 이겨냈기 때문에 오늘 이곳에 서 있다는 것을 의미합니다. 당신은 피해자이자, 생존자이고, 영웅입니다. 당신은 당신의 삶에서 도망치거나 포기하지 않았습니다. 당신은 살아 있고 나타났습니다. 지금 당신은 당신이 선택한 경기장에 서 있습니다. 전력을 다해서, 가진 것을 다 바치고 있죠. 당신은 이미 용감해요. 당신은 이미 영웅이에요. 그게 바로 당신입니다.

flawless 흠 하나 없는   exception 예외   victim 피해자
show up 나타나다, 보여 주다   arena 경기장

Let's reframe fear.

When was the last time you stopped yourself from doing
something because you were afraid?
Let's be honest.
We all have the fear of not being good enough,
so sometimes we don't even bother to try.
But what if you just choose to believe you are good enough?
And what if fear means you are heading towards the right
direction? The sensation you feel in your body is probably telling
you that you are stepping up your game.
The reason why you are scared is because you were brave
enough to put yourself out there.
As long as you are doing what's best for you,
fear will always be there.
So instead, let's say, "Come on fear. You are coming along."

DAY

2

● ● ●
두려움의 관점을 바꾸세요.

두려워서 무언가 하는 것을 멈춘 게 마지막으로 언제인가요? 솔직히 말해 봅시다. 우리는 모두 자신이 충분히 훌륭하지 않다는 것에 두려움을 가지고 있습니다. 그래서 가끔은 시도조차 하지 않습니다. 하지만 나는 이미 충분히 훌륭하다고 믿기를 선택한다면 어떻게 될까요? 만일 두려움이 사실은 내가 올바른 방향으로 가고 있다는 것을 의미한다면 어떨까요? 어쩌면 당신이 느끼는 이 감정은 내가 하는 일을 힘껏 박차고 올라서고 있다는 것을 알려 주는 것일지도 모릅니다. 당신이 두려운 이유는 힘든 상황에도 최선을 다할 만큼 용감하기 때문입니다. 당신이 최선을 다하고 있는 한 두려움은 항상 여러분 옆에 있을 것입니다. 그러니, 이제는 두려움을 느낄 때 이렇게 말해 보면 어떨까요? "두려움아 왔구나. 우리 같이 가자."

direction 방향   sensation 느낌   step up 발전하다
put oneself out 특별히 애쓰다

Do what scares you.

Do you want to know how to overcome your fears? Just do it scared. What is the thing that you are most afraid to say or do? I challenge you to do it today.
This is how you live your life to the fullest.
If you have something that feels true to your heart, let it out.
Being scared should not be the sign to stop.
In fact, the bigger your goal is, the more you are supposed to feel scared.
If you feel totally comfortable with your dreams, set higher goals.
Speak your truth. Do what you're meant to do.
Be willing to feel scared.
Then, you will not be scared of that anymore.
You'll find another thing that makes you scared.
The more you repeat this process, the more you can create an amazing life.

DAY

3

• • •

두려운 일을 하세요.

두려움을 극복하는 방법을 알고 싶으신가요? 하려던 일을 두려운 채로 그냥 하세요. 말하거나 행동하기에 가장 두려워하는 것이 무엇인가요? 그 말과 행동을 오늘 바로 해 보세요. 그것이 당신의 인생을 최대한 즐기며 사는 방법이에요. 당신의 마음 안에 진실하게 느껴지는 게 있다면, 이제 밖으로 꺼내 보세요. 두렵다는 느낌을 그 일을 하지 말아야 할 신호로 받아들이면 안 됩니다. 사실, 목표가 높을수록 내 마음에서 느껴지는 두려움이 커지는 것은 당연합니다. 만일 여러분의 목표에 대해 생각할 때 완전히 편안한 느낌만 든다면, 더 높은 목표를 가져야 합니다. 여러분만의 목소리를 내세요. 스스로 원하는 일들을 해 보세요. 기꺼이 두려움을 받아들이세요. 그러면 그것들이 더는 두렵지 않을 거예요. 당신을 두렵게 만드는 다른 것을 발견하게 될 것입니다. 이 과정을 반복할수록, 여러분의 인생은 놀라운 일들로 가득 차게 될 것입니다.

Do what scares you.

overcome 극복하다   live life to the fullest 인생을 최대한 즐기다
be supposed to v ~하기로 되어 있다   be willing to v 기꺼이 ~하다

You are a precious human.

You are the one and only, precious human.

There's no one like you.

No one has the perfect combination of your history, personality, and perspective.

That's tremendously valuable. No one can copy or reproduce who you are.

Are there any changes you want to see in the world?

Go ahead and spread your messages everywhere.

Don't worry if it's not original enough.

Why? First, even if it's already been said or done a million times, it hasn't been done with your personality.

Second, there are some people in the world who are destined to listen to your messages.

DAY

4

당신은 존귀한 존재입니다.

당신은 하나뿐인 소중한 사람입니다. 세상에 당신과 똑같은 사람은 없어요. 당신이 과거에 겪었던 일들, 성격, 그리고 세상을 바라보는 관점들의 완벽한 조합을 가진 사람은 없습니다. 그것은 엄청난 가치가 있습니다. 누구도 당신의 모습을 모방하거나 재현할 수 없습니다. 세상에서 보고 싶은 변화가 있나요? 어서 당신의 메시지를 세상에 알려 주세요. 최초가 아닐까 너무 걱정하지 마세요. 왜냐고요? 첫째, 이미 백만 번 말해지거나 행해졌더라도, 당신의 개성이 결합된 형태로 행해진 적은 없습니다. 둘째, 세상에는 당신의 메시지를 들어야 할 운명인 사람들이 있습니다.

perspective 관점   tremendously 엄청나게   valuable 가치 있는
be destined to ~ ~를 할 운명이다

Don't blame the good guys.

People don't disrespect you because you are a nice person.
They don't take you for granted because you love sharing and giving.
There's no relation between you being kind, and you being unappreciated, or failing.
You can be the nicest person on the planet and still have people honor you.
You can give so much and still feel appreciated and joyful.
Don't blame the good guys.
Blame the lack of skills which leads you to fail.
Don't compromise your values. Instead, master the skill sets you need in relationships, business, etc.
Show the world how the coolest things are achievable by someone as wonderful as you.

DAY
5

● ● ●

좋은 것들을 탓하지 마세요.

당신이 좋은 사람이기 때문에 사람들이 당신을 무례하게 대하는 것이 아닙니다. 여러분이 나누고 베푸는 것을 좋아하기 때문에 여러분을 당연하게 여기는 것이 아닙니다. 당신이 친절한 것과 당신이 인정받지 못하고, 성공하지 못하는 것 사이에는 아무런 관계가 없습니다. 당신은 세상에서 가장 착한 사람이면서도 여전히 사람들이 당신을 존경하게 할 수 있습니다. 당신은 많은 것을 언제나 내어 주면서도 여전히 사람들에게 인정받고, 넘치는 기쁨을 느낄 수 있습니다. 좋은 것들을 탓하지 마세요. 당신을 실패로 이끈 역량의 부족함을 탓하세요. 자신의 가치를 타협하지 마세요. 대신 관계, 비즈니스 등에서 필요한 역량을 익히세요. 당신처럼 좋은 사람이 얼마나 멋진 일을 해낼 수 있는지 세상에 보여 주세요.

take ~ for granted ~을 당연시 여기다   blame ~을 탓하다
compromise 타협하다   achievable 성취할 수 있는

Say this as today's affirmations.

Try this for today's affirmation.

I love myself unconditionally.

I'm grateful for a new day and, a new opportunity.

I'm letting go of all the things that don't serve me.

I'm having a blast in the process of reaching my goals.

Everything is working out fabulously.

I believe I'm already super successful.

There is nothing I want to change about my past.

I embrace all my flaws, fears, and unstableness.

I'm fully confident in my skills to make my goals come true.

I believe in my bones that anything is possible.

I enjoy doing the hard things.

DAY

이렇게 오늘의 확언을 말해 보세요.

오늘 확언은 이것을 사용해 보세요. 나는 나를 무조건적으로 사랑합니다. 새로운 날에, 새로운 기회가 생겨서 정말 감사합니다. 내게 도움이 되지 않는 모든 것들을 놓아 줍니다. 나는 나의 목표에 도달하는 과정에서 즐거운 시간을 보내고 있습니다. 모든 것이 훌륭하게 진행되고 있습니다. 나는 이미 엄청난 성공을 거뒀다고 믿습니다. 나의 과거에 대해 바꾸고 싶은 것은 없습니다. 나는 나의 모든 결점, 두려움, 불안정한 면을 받아들입니다. 나는 목표를 이룰 수 있는 나의 역량에 대한 충만한 자신감이 있습니다. 나는 무엇이든 가능하다고 굳게 믿습니다. 나는 힘든 일을 하는 것을 즐깁니다.

affirmation 확언, 단언   have a blast 즐거운 시간을 보내다   embrace 받아들이다
believe in one's bones ~을 직감적으로 확신하다

Find your passion.

Write down the list of the things you hate:

the toxic environment, the problems you never want to deal with,

the irrelevant things that bore you to death.

Then, write down the list of things you love on another piece of

paper:

the kind of work environment you enjoy hustling in, problems that

you want to get your hands on, and all the things that grab your

attention. Start from there.

Everything that you wrote down will lead to your divine calling.

Answering it is up to you. It won't be easy just because it's

interesting.

You will have to take massive risks and fail repeatedly.

But you'll finally be living your life.

Take massive actions, whatever it is.

You'll eventually find your passion.

● ● ●

당신의 열정을 찾으세요.

당신이 싫어하는 것의 목록을 적어 보세요. 유해한 환경들, 피하고 싶은 문제들, 지겹고 무의
미한 그런 일들이요. 그리고 종이 한 장을 더 꺼내서, 여러분이 사랑하는 것들의 목록을 만들
어 보세요. 고생스럽지만 즐겁게 일할 수 있는 업무 환경, 내가 해결하고 싶은 문제들, 당신의
관심을 끄는 모든 것들을요. 거기서부터 시작하세요. 당신이 적은 모든 것들이 당신의 소명으
로 이어질 거예요. 그 부름에 대답하는 것은 당신에게 달렸어요. 흥미 있다고 해서 쉬울 거라
는 뜻은 아니에요. 큰 위험을 감수해야 하고, 계속해서 실패할 거예요. 하지만 당신은 마침내
당신의 인생을 살게 될 거예요. 그게 무엇이건 정말 많은 시도를 해 보세요. 그러면 결국 여러
분만의 열정을 찾게 될 거예요.

toxic 유독성의   irrelevant 무의미한, 상관없는   lead to ~로 이어지다
risk 위험   passion 열정

Be committed.

You are always one commitment away from changing the whole trajectory of your life. Being committed means you do what you promised to do no matter what. If you make a commitment to put in the time and effort to constantly do something every day, no matter how trivial and basic it may look, it will sharpen your skills and shape you into the person you are meant to be in the future. Maybe you want to be a generous person, but you don't help anyone because you are "too busy." But even after you get to the top, you'll always be "too busy" to make the time to give someone a hand.

If there's something you truly want, be committed to it.

Do it every day, no matter what.

That will make all the difference.

DAY

8

• • •

결단하세요.

당신은 항상 인생의 전체 궤적을 바꾸는 일에서 한 발짝 떨어져 있습니다. 결단을 한다는 것은 내가 하겠다고 말한 것을 무슨 일이 있어도 실천하는 것입니다. 만약 여러분이 매일 무언가를 끊임없이 하기 위해 시간과 노력을 기울인다면, 아무리 하찮고 기본적인 것처럼 보일지라도, 그것은 여러분의 능력을 날카롭게 하고 미래의 여러분이 될 사람으로 만들어 줄 것입니다. 여러분은 관대한 사람이 되고자 하지만, 여러분이 "너무 바쁘기" 때문에 누군가를 돕지 않습니다. 정상에 오른 후에도 여러분은 항상 "너무 바쁘기" 때문에 누군가에게 도움을 줄 시간을 낼 수 없을 것입니다. 내가 정말 원하는 것이 있다면, 결단을 하세요. 매일, 무슨 일이 있든지 결단을 지키세요. 그것이 모든 걸 바꿔줄 것입니다.

commitment 책무, 헌신   trajectory 궤도   trivial 사소한   sharpen 날카롭게 하다

Expect to make mistakes.

Expect to make some mistakes if you have incredibly high standards for yourself.

This is important, because in order to make mistakes, you have to take real actions.

This does not mean just researching. It means putting it to the market, making offers to your clients, and letting your voice be spoken into the world.

Don't even try to make it perfect from the start.

That only paralyzes you from moving forward.

Don't underestimate what you can do, either. So many things are possible if you just keep going.

DAY

9

● ● ●

실수할 것을 예상하세요.

만약 자신에 대한 굉장히 높은 기준을 세우고 있다면, 실수를 예측하세요. 이것은 중요한데, 실수를 하기 위해서는 실제 행동을 취해야 하기 때문입니다. 이것은 단순히 무엇인가를 찾아 보는 것이 아닙니다. 시장에 실제로 내놓는 것, 고객에게 제안을 하는 것, 당신의 목소리가 세 상에 알려지도록 하는 것을 의미합니다. 처음부터 완벽하게 잘 하려고 하지 마세요. 그건 오 히려 앞으로 나아갈 수 없게 당신을 마비시켜 버릴 수도 있습니다. 당신이 할 수 있는 일을 과 소평가하지 마세요. 여러분이 힘들어도 계속한다면 많은 것들이 가능합니다.

paralyze 마비시키다   move forward 전진하다   underestimate 과소평가하다
keep going 계속 하다

Get inspired.

When you see someone doing what you want to do, get inspired.
Let that be a sign that you can also do what they are doing. Let
them be a living example for you to learn and grow from.
Don't think successful people are different from you. They were
just like you in the beginning. If they made it, you can also do it.
Pay close attention to how they trained and mastered their skills
to create successful results, and follow their practices. Choose
the path to improve yourself rather than to get jealous and stuck.
Jealousy does not serve you any good.
No one took your place. No one is getting in your way. No one
can drag you down. Get inspired by others' success. It will soon
be yours.

DAY

10

영감을 얻으세요.

여러분이 하고자 했던 일을 하고 있는 사람을 보게 된다면, 영감을 얻으세요. 그리고 그들이
하는 것을 당신도 역시 할 수 있다는 신호로 받아들이세요. 그들을 당신이 배우고 성장할 수
있는 본보기로 만드세요. 성공한 사람들이 여러분과 다르다고 생각하지 마세요. 그들도 처음
에는 여러분과 똑같았습니다. 그들이 해냈다면 당신도 할 수 있어요. 그들이 엄청난 결과를
만들어 내기 위해 어떻게 기술을 훈련하고 숙달했는지 세심하게 살펴보세요. 그리고 그들이
했던 걸 따라 하세요. 질투하며 멈춰 서기 보다는, 스스로를 발전시킬 수 있는 길을 선택하세
요. 질투심은 당신에게 아무런 도움이 되지 않습니다. 아무도 당신의 자리를 빼앗지 않았습니
다. 아무도 당신을 방해하지 않습니다. 아무도 당신을 끌어내릴 수도 없습니다. 다른 사람의
성공에 동기부여를 받으세요. 곧 그 성공이 여러분의 미래가 될 거예요.

get in one's way 누군가에게 방해가 되는   drag someone down 누군가를 끌어내리다

How to not get criticized.

As long as you are doing something in this world, criticism will follow.

The only sure way to never get criticized by anyone is to do absolutely nothing.

If you don't put yourself out there, don't speak your mind, and just do what you are told, then maybe you'll be safe from criticism.

You can eliminate the chance of someone criticizing you if you just stay in your comfort zone.

But even then, you might have an inner critic, blaming you for the things you are not doing.

It's not worth it to avoid criticism at the expense of living life on your own terms.

Life isn't about dodging, it's about attacking and moving forward.

DAY
11

● ● ●

비난받지 않는 법

당신이 이 세상에서 무언가를 하고 있는 한 비난은 뒤따를 것입니다. 누구에게도 비난받지 않는 유일하고 확실한 방법은 아무것도 하지 않는 것입니다. 만약 당신이 자신을 내세우지 않고, 목소리를 내지 않고, 그저 시키는 대로만 한다면, 당신은 비난으로부터 안전할지도 모릅니다. 만약 당신이 편안한 곳에 머무른다면 누군가 당신을 비난할 가능성을 없앨 수 있습니다. 하지만 여전히, 여러분이 하고 있지 않은 일에 대해 스스로를 비난하는 내면의 비평가가 존재 할지도 모릅니다. 당신의 삶을 희생하면서까지 비난을 피하는 것은 가치가 없습니다. 인생은 피하는 것이 아니라, 공격하고 전진하는 것입니다.

criticism 비판, 비난   eliminate 제거하다   at the expense of ~을 희생하면서
attack 공격하다

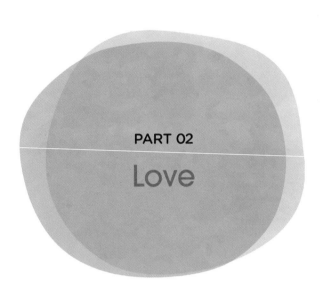

PART 02

Love

"무슨 일이 있어도 항상 스스로를 사랑할 거라는
사실을 안다면, 얼마나 거침없는 삶을
살 수 있을 지 상상해보세요."

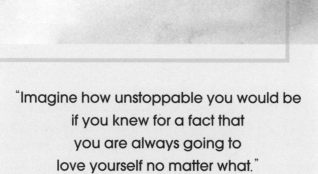

"Imagine how unstoppable you would be
if you knew for a fact that
you are always going to
love yourself no matter what."

- From Day 16 -

You are worthy.

You are worthy.

Your worthiness is not something that can be changed by what someone said to you or how somebody treats you.

Everything that makes you who you are makes you incredibly worthy.

You can believe this to be true just like how you can believe the other way around to be true.

But what belief will serve you more?

Choose to believe you are precious.

It will help you build the life you truly want.

Say this with me today.

I am worthy. I am enough. I am beautiful. That's a fact, period.

DAY

12

당신은 가치 있습니다.

당신은 가치 있습니다. 당신의 가치는 누군가가 당신에게 한 말이나, 누군가가 당신을 대하는 태도로 바뀔 수 있는 것이 아닙니다. 당신을 있게 하는 모든 것들은 믿을 수 없을 만큼 가치가 있습니다. 이걸 사실이라고 믿을 수도 있고 사실이 아니라고 믿을 수도 있어요. 하지만 어떤 믿음이 더 도움이 될까요? 당신은 소중하다고 믿기를 선택하세요. 당신이 원하는 삶을 만들어 가는 데 도움이 될 것입니다. 오늘 이 말을 해 보세요. 나는 가치 있어. 나는 나로서 충분해. 나는 아름다워. 그건 사실이야. 끝.

worthy 가치 있는   treat 대하다   belief 신념, 확신   serve 도움이 되다
precious 귀한

Stop bullying yourself.

"I am stupid." "What's wrong with me?" These are the things that I
used to say to myself. For so many years, I had bullied myself for
being who I was because I couldn't see the value in myself.
One day, I decided that I was going to put an end to this. I made
a commitment to never beat myself up again. From that moment
forward, slowly but surely, I started to appreciate myself. Instead
of not approving of myself, I started giving myself credit.
And let me tell you, committing to stop bullying myself was one
of the best decisions I've ever made. After that decision, I was
able to meet the most loving and supportive friend I'd ever made -
myself.

DAY

13

● ● ●

스스로를 그만 괴롭히세요.

"난 멍청해.", "난 왜 이 모양이지?" 이것들은 평소에 나 스스로에게 하곤 했던 말입니다. 내
안에 가치를 발견하지 못했기 때문에 오랜 시간 동안 스스로를 괴롭혀 왔습니다. 어느 날, 저
는 이제 이런 괴롭힘을 끝내기로 결심합니다. 다시는 절대 스스로를 자책하지 않기로 결심했
습니다. 그 결심 이후로, 느리지만 확실하게 저는 스스로를 감사히 여길 수 있게 되었습니다.
나의 나됨을 인정하지 않는 것 대신, 스스로를 칭찬하기 시작했습니다. 스스로를 괴롭히지 않
겠다고 결심한 것은 제가 살면서 내린 최고의 결정 중 하나였습니다. 그 결정을 한 후, 저는
가장 사랑스럽고 가장 힘을 주는 친구를 만날 수 있었습니다. 바로 저 자신입니다.

bully 괴롭히다   value 가치   put an end 끝내다   beat oneself up 자책하다
credit 칭찬, 인정   supportive 지원하는, 도와주는

Write a letter to your past self.

Writing a letter to your past self can be a beautiful way to come to peace with your past, so that you can focus on the present moment.

Make sure to write it from a loving and non-judgmental space. Take what you can learn and peacefully move on. It can go something like this: Dear Past Self, I am sorry for all the mean things I said to you. I'm sorry for hating you, not believing in you and wishing that I'd rather be somebody else. I want to tell you that from now on I will always love and appreciate you. Thank you for being yourself. I love you.

DAY

14

• • •

과거의 자신에게 편지를 쓰세요.

과거의 자신에게 편지를 쓰는 것은 과거의 당신과 평화롭게 지낼 수 있는 아름다운 방법이 될 수 있고, 그로 인해 현재에 더욱 집중할 수 있게 해 줍니다. 사랑이 가득하며 비판적이지 않은 공간에서 꼭 그 이야기를 쓰세요. 배울 수 있는 것은 배우고, 평화롭게 앞으로 나아가세요. 이런 식으로요. '과거의 ○○야, 내가 그동안 너에게 했던 모든 못된 말들에 대해 사과할게. 너를 미워해서 미안하고, 너를 믿지 못해서 미안해. 그리고 차라리 다른 사람이었으면 좋겠다고 생각했던 것도 미안해. 오늘 꼭 말하고 싶은 게 있어. 앞으로는 너를 항상 감사하게 생각하고 사랑할게. 너로 있어줘서 고마워. 사랑해.'

_____

~~~~~~

~~~~~~

~~~~~~

~~~~~~

~~~~~~

~~~~~~

~~~~~~

~~~~~~

~~~~~~

~~~~~~

~~~~~~

~~~~~~

~~~~~~

past self 과거의 나   peace 평화   make sure 반드시 ~하다
judgemental 비판을 잘하는

Send love to your body.

Have you ever appreciated your body? Your body does its job wonderfully every day. It moves you. It remembers things for you. It protects you. It's almost impossible to imagine life without it. Are you grateful that you can see with your eyes? Are you grateful that you can write with your hands? Or do you take it all for granted? Nothing is nothing. Everything is a beautiful gift that's been given to us. When it gets tired, take care of it, instead of beating it up. Treat it with respect. Give it what it deserves. Stay hydrated, sleep well, and exercise. Let your body know how much you appreciate it.

DAY
15

● ● ●

나의 몸을 사랑하세요.

'나의 몸'에게 감사했던 적이 있으신가요? 여러분의 몸은 매일 자신이 맡은 일을 정말 훌륭하게 하고 있습니다. 여러분을 움직일 수 있게 해 줍니다. 여러분을 위해 많은 것을 기억해 줍니다. 여러분을 보호합니다. 나의 몸이 없다면 내가 인생을 산다는 것은 불가능합니다. 여러분의 눈을 통해 세상을 볼 수 있어서 감사한가요? 여러분의 손을 이용해서 무언가를 쓸 수 있다는 사실이 감사한가요? 아니면, 이 모든 걸 당연하게 받아들이고 있나요? 아무것도 당연한 것은 없습니다. 모든 것은 우리에게 주어진 아름다운 선물입니다. 그러니 나의 몸이 지칠 때는 자책하지 말고 잘 보살펴 주세요. 몸을 존중해 주세요. 몸이 대접을 받을 만큼 대접해 주세요. 충분히 물을 마시고 잠을 푹 주무세요. 그리고 적당한 운동을 하세요. 당신의 몸에게 당신이 얼마나 감사하고 있는지 알려 주세요.

protect 보호하다   deserve 누릴 자격이 있다   stay hydrated 수분을 보충하라

Love yourself unconditionally.

Loving yourself unconditionally means you love yourself not because of any other reasons, but simply because you deserve that love.

Decide to love yourself unconditionally. A new chapter will open up in your life. You will feel safe and gain confidence that you can create an amazing future. Can you imagine how wonderful it would be if you gave yourself unconditional love?

Can you imagine how unstoppable you would be if you knew for a fact that you are always going to love yourself no matter what? We are designed to be loved unconditionally. Today, I invite you to be a loving friend to yourself.

DAY

16

● ● ●

스스로를 무조건적으로 사랑하세요.

스스로를 무조건적으로 사랑한다는 것은 어떤 다른 이유들이 있어서가 아니라, 내가 사랑받을 자격이 있기 때문이라는 뜻입니다. 스스로를 무조건적으로 사랑하겠다고 결정하세요. 당신의 인생에 새로운 장이 열릴 것입니다. 안전함을 느낄 것이고, 놀라운 미래를 만들 수 있다는 자신감이 생길 것입니다. 스스로에게 무조건적인 사랑을 줄 수 있다면 얼마나 멋진 인생일지 상상이 가시나요? 무슨 일이 있어도 항상 스스로를 사랑할 거라는 사실을 안다면, 얼마나 거침없는 삶을 살 수 있을지 상상이 가시나요? 우리는 조건 없이 무조건 사랑하도록 만들어진 존재들입니다. 오늘, 여러분 스스로에게 가장 사랑스러운 친구가 되어 주세요.

unconditionally 무조건적으로   unstoppable 막을 수 없는   no matter what 무슨 일이 있어도

Take every day as an opportunity.

Several years ago, I was in sadness. This sadness lasted longer than I thought. The whole time, I told myself that I shouldn't feel this way. I felt ashamed about my sadness.

A few weeks later, one of my coaches gave me a whole new perspective on life. "If you are someone who loves yourself fiercely, what would you think about yourself being sad?" When I internalized this question, I was able to become compassionate towards myself. I made a choice to take every day as an opportunity to love myself. Surprisingly, the sadness disappeared. Even if it hadn't, I would've never regretted making that choice. I challenge you to love yourself even when it's difficult.

DAY

17

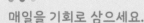

매일을 기회로 삼으세요.

몇 년 전 저는 깊은 슬픔에 빠져 있었습니다. 이 슬픔은 생각보다 오래 지속되었습니다. 그 시간 동안 스스로에게 이런 기분을 느끼면 안 된다고 자책했고, 내 슬픔이 수치스럽기까지 했습니다. 몇 주 후, 제 코치 중 한 명이 완전히 새로운 관점으로 바라보게 해 주었습니다. "만약 당신이 자신을 필사적으로 사랑하는 사람이라면, 자신이 슬퍼하는 것에 대해 어떻게 생각해야 할까요?" 이 질문을 내면화했을 때, 저는 저 자신에 대해 동정심을 가질 수 있었습니다. 하루하루를 제 자신을 사랑할 수 있는 기회로 만들어 보자고 다짐했습니다. 놀랍게도, 슬픔은 곧 사라졌습니다. 만일 슬픔이 사라지지 않았다 해도 저는 그 선택을 절대 후회하지 않았을 거예요. 그러니 여러분도 힘들고 어려운 상황에서도 스스로를 사랑하는 선택을 해 보세요.

ashamed 부끄러운   fiercely 맹렬히, 필사적으로   internalized 내면화하다
compassionate 연민 어린, 동정하는

It takes practice.

Self-love takes practice. A lot of people say that loving themselves is not easy. Of course it's not easy. Everything worthwhile takes a lot of effort. But you know what's also not easy? Not loving yourself. And it's going to get more and more difficult as time goes by. How painful it is when you beat yourself up every time something bad happens.

Loving yourself is not a walk in the park. But when you practice loving yourself even when it's difficult, it will add so much value to your life. Not only will you enjoy being yourself, but you'll also be able to do so many amazing things. Practice speaking kindly to yourself. Practice lovingly disciplining yourself for the life you're meant to live.

DAY
18

• • •

연습이 필요합니다.

자기를 사랑하는 것은 연습이 필요합니다. 많은 사람들은 자신을 사랑하는 것이 쉽지 않다고 말합니다. 물론 쉽지 않습니다. 가치 있는 모든 것들은 굉장한 노력이 필요합니다. 그런데 또 쉽지 않은 일이 뭔지 아시나요? 바로 자신을 사랑하지 않는 일입니다. 심지어 시간이 지날수록 점점 더 어려워질 거예요. 나쁜 일이 생길 때마다 스스로를 사랑하지 않고 자책한다면 얼마나 힘들겠어요? 자신을 사랑하는 것은 쉽지 않습니다. 하지만 힘들어도 자신을 사랑하는 연습을 하게 되면 그 사랑은 나의 삶에 많은 가치를 주게 됩니다. 단순히 나답게 삶으로서 즐거워지는 것뿐만 아니라, 수많은 놀라운 일들을 해낼 수 있게 됩니다. 자신에게 친절하게 대화하는 연습을 하세요. 당신이 원하는 삶을 살아가기 위해 사랑으로 스스로를 훈련하는 연습을 하세요.

It takes practice.

🌱 self-love 자기애　worthwhile 가치 있는　painful 아픈　a walk in the park 매우 쉽다
discipline 훈육하다

Drop expectations.

Do you know what the best part is about loving people the way they are, without having to change them? You get to be in control of your feelings. No matter how bad people are at following your expectations, you don't have to feel upset. Of course, you can set boundaries to protect yourself, or you can let people know about the consequences if you need to lead them, but you still don't need to go through unnecessary drama.

You can make yourself happy without waiting for others to do it for you. You'll get to enjoy all the things you do for them in a relationship, because you'll do it out of your own joy.

The truth is people get to be who they are, just like you get to be whoever you are. Accept this wonderful fact, and relationships will feel a lot easier.

DAY
19

• • •

기대를 내려놓으세요.

사람들을 변화시키려 하지 않고, 있는 그대로 사랑하는 것의 가장 좋은 점이 뭔지 아시나요? 여러분이 스스로의 감정을 통제할 수 있게 된다는 점입니다. 상대방이 아무리 여러분의 기대에 못 미친다고 해도, 이제 여러분은 속상하지 않아도 됩니다. 물론, 여러분 스스로를 보호하기 위한 경계를 세울 수도 있고, 여러분이 조직을 이끈다면 추구하는 결과들을 사람들이 알 수 있도록 얘기할 수 있지만, 더 이상 불필요한 감정적 소용돌이를 겪을 필요가 없게 됩니다. 다른 사람들이 여러분을 행복하고 만족스럽게 해 줄 것을 더 이상 기다리지 않고, 여러분 스스로 행복해질 수 있게 됩니다. 다른 사람들과의 인간 관계에서도 모든 것들을 진정으로 즐길 수 있게 되는데요, 왜냐하면 여러분이 하는 모든 행동들은 결국 여러분 스스로의 즐거움을 위한 것들이 되기 때문이에요. 변하지 않는 사실은, 인간은 결국 본인이 원하는 본인의 모습으로 살아가게 된다는 것이고, 여러분 또한 예외는 아닙니다. 이 아름다운 사실을 받아들인다면, 모든 인간 관계가 훨씬 쉬워질 거예요.

Drop expectations.

control 제어하다   no matter how 얼마나 ~하든지   consequence 결과   accept 받아들이다

You are loved.

Dear lovely human, someone out there loves you dearly. There's nowhere to run or hide from the love that you deserve. This love is for you, not because you earned it, but because it's just for you. You are designed for this unconditional love. Even if you don't feel it, it doesn't matter, because you can start giving that love to yourself.

When you wake up in the morning, when you are walking alone feeling sad, when you are feeling like no one's going to choose you, tell yourself, "I love myself." "I'll always be with myself." "I'll always choose myself." That's exactly what I did when I was at rock bottom. If you have your own back, you will feel much more empowered. So let me remind you again. You matter. You are loved.

DAY
20

● ● ●

당신은 사랑받고 있습니다.

사랑스러운 사람에게, 저기 어딘가에서 누군가는 당신을 굉장히 사랑하고 있습니다. 당신이 마땅히 받아야 할 이 사랑으로부터 도망가거나 숨을 수 없습니다. 이 사랑은 당신을 위한 거예요. 당신이 무언가를 해서 얻은 것이 아니라, 그냥 당신이기 때문에요. 당신은 이 무조건적인 사랑을 받도록 만들어졌어요. 비록 당신이 이 사랑을 못 느끼더라도 상관없어요. 왜냐하면 이 사랑을 스스로에게 지금부터 주기 시작할 수 있으니까요.

아침에 일어날 때, 슬퍼하며 혼자 걷고 있을 때, 아무도 당신을 선택하지 않을 것 같은 느낌이 들 때, 스스로에게 "나는 나 자신을 사랑한다." "나는 항상 내 곁에 있을 거야." "나는 항상 나를 선택할거야."라고 말해 주세요. 그게 바로 제가 인생의 바닥에 있었을 때, 한 것이에요. 만약 스스로의 편이 되어 줄 수만 있다면, 훨씬 더 큰 힘을 가지게 된 걸 느낄 수 있을 거예요. 그래서 다시 한 번 말씀드릴게요. 당신은 중요합니다. 당신은 사랑받고 있어요.

dearly 몹시   hide 숨다   rock bottom 바닥(힘든 시간)   matter 중요하다

Don't play the blame game.

Don't play the blame game. It has zero benefits.
If you can suddenly feel happier by resenting others for what they've done, do it. But I bet it won't work.
If you can solve a problem by pointing fingers, do it.
But I'm pretty sure it will only perpetuate the pain.
I'm not just talking about other people; don't blame yourself when things go wrong, either.
Finding out who did what wrong and blaming them is not what you want to do, because it's not that useful.
If you can focus your energy on fixing the problem, that would be better. If you can prevent a future problem, that would be the best.

DAY
21

비난하지 마세요.

비난하지 마세요. 비난하는 것은 아무런 이득이 없습니다. 만약 당신이 다른 사람이 한 일에 대해 원망함으로써 갑자기 더 행복감을 느낄 수 있다면, 그렇게 하세요. 하지만 효과가 없을 것입니다. 만약 당신이 누군가를 비난함으로써 문제를 해결할 수 있다면, 그렇게 하세요. 하지만 오히려 고통만 더욱 길어질 것이라고 확신합니다. 다른 사람에 대해서만 얘기하는 게 아닙니다. 일이 잘 되지 않았을 때에 자신도 탓하지 마세요. 누가 뭘 잘못했는지 알아내고 그들을 탓하는 것은 당신이 원하는 것이 아닙니다. 그것은 그리 효과적이지 않기 때문입니다. 문제를 해결하는데 에너지를 집중한다면, 그게 더 나을 것입니다. 문제를 예방하는 데 에너지를 쓸 수 있다면, 그것이 최선일 것입니다.

blame game 안 좋은 결과에 대해 서로 책임을 전가하는 것 benefit 혜택, 이득
resent 분하게 여기다 point a finger 비난하다 perpetuate 계속 지속하다 prevent 예방

PART 03

Happiness

"Being positive is a deliberate choice and
is the ability to see the good in things everywhere."

- From day 25 -

"긍정적인 것은 의도적인 선택이고,
어디서든 좋은 것을 볼 수 있는 능력입니다"

Give yourself what you deserve.

You are a precious human. You deserve more than overly concentrated pleasures designed to make you addicted to them. They don't help you flourish. You desire true, long-lasting fulfillment instead of instant gratification. A healthier body, quality time with loved ones, and a deep sense of achievement.
So if you want to rest your mind, just do it. You can read books that nurture your soul, declutter your thoughts by meditating or journaling, listen to a song that puts you at ease, or have a loving conversation with yourself or whoever you believe is the higher power. Decide not to think about what's left undone or unsolved. Actually, happiness is very simple. Start giving yourself what you truly deserve, and you'll have a happier life.

DAY
22

● ● ●

누릴 자격이 있는 만큼 주세요.

당신은 소중한 사람입니다. 당신은 지나치게 집중된 쾌락에 중독되는 것보다 훨씬 더 좋은 것을 누릴 자격이 있습니다. 쾌락은 당신을 풍요롭게 만들지 않습니다. 당신은 순간적인 만족보다는 진실하고 오래 지속되는 성취감을 원합니다. 더 건강한 신체, 사랑하는 사람들과의 의미있는 시간, 그리고 성취감을 깊이 있게 느끼기를 원합니다. 그러니, 만약 마음을 쉬게 하고 싶다면 그냥 그렇게 하세요. 영혼을 가꾸는 책을 읽을 수도 있고, 명상이나 일기를 통해 생각을 정리할 수도 있고, 자신을 편안하게 해 주는 노래를 들을 수도 있고, 스스로 혹은 더 큰 영적인 힘을 가졌다고 믿는 그 누군가와 사랑스러운 대화를 나눌 수도 있습니다. 그리고 미처 끝내지 못한 일이나 해결되지 않은 일에 대해서는 생각하지 않기로 결심해 보세요. 사실, 행복은 매우 간단합니다. 자신이 진정으로 받아야 할 것을 스스로에게 주기 시작하세요. 그러면, 더 행복한 삶을 살 수가 있습니다.

concentrated 집중된 flourish 번창하다 gratification 만족감 nurture ~에 영양을 공급하다
declutter (필요 없는 것을) 정리하다

Change the way you talk.

A lot of people think they will be happy once they get what they want. The truth is, happiness is not something that comes from the outside, but it's what you find on the inside.

What really determine your happiness are your thoughts about yourself. Your inner dialogue shapes the quality of your life. What do you usually say to yourself? Whenever you make a mistake, are you saying mean things like, "You are so stupid?" If your inner dialogue is critical and negative all the time, that's what you will experience in life. If you want to feel better, practice choosing the thoughts that will serve you.

DAY
23

● ● ●
말하는 방식을 바꾸세요.

많은 사람들이 원하는 것을 얻으면 행복해질 것이라고 생각합니다. 하지만 사실은, 행복은 밖에서 오는 것이 아니라 내면에서부터 찾는 것입니다. 당신의 행복을 결정짓는 것은 스스로에 대한 생각입니다. 당신의 내면의 대화는 삶의 질을 형성합니다. 당신은 보통 스스로에게 뭐라고 말하나요? 실수할 때마다 "난 정말 멍청해"와 같은 심술궂은 말을 하나요? 만약 여러분의 내면의 대화가 항상 비판적이고 부정적이라면, 그런 비판적이고 부정적인 것들을 실제 삶에서 경험하게 됩니다. 기분이 좋아지고 싶다면, 자신에게 도움이 될 생각들을 고르는 연습을 하세요.

----

determine 결정하다   whenever ~할 때마다   negative 부정적인

Choose your stories.

Don't hold on to false beliefs. Ditch all the lies about yourself or the world. Get rid of old stories if they no longer serve you. It's time for you to teach yourself new beliefs. Deliberately choose them every day if they help propel you forward.

"You are worthy," "You have the power to create an amazing life," "You can handle any problems," "There are many people who love you and support you."

If you believe these stories, that's what you'll end up creating in your life, just like the famous quote: "Whether you believe you can or can't, you are always right."

DAY
24

● ● ●

당신의 이야기를 선택하세요.

잘못된 믿음을 가지고 있지 마세요. 당신이나 세상에 대한 모든 거짓말들을 버리세요. 더 이상 당신에게 도움이 되지 않는다면, 오래된 이야기들은 이제 버리세요. 이제 스스로에게 새로운 믿음을 가르칠 때입니다. 만약 그 믿음들이 당신을 발전시키는 것들이라면, 의도적으로 매일 선택해 보세요. "넌 가치가 있어.", "넌 멋진 인생을 만들 수 있는 힘을 가지고 있어.", "어떤 문제라도 넌 해결할 수 있어.", "너를 사랑하고 응원하는 사람들이 많이 있어." 이 이야기들을 믿는다면, 결국 여러분은 스스로의 인생에서 이 이야기들을 실제로 만들어가게 됩니다. "할 수 있다고 믿든 할 수 없다고 믿든, 당신은 항상 옳아요"라는 유명한 말처럼요.

ditch 버리다　get rid of 제거하다　deliberately 의도적으로　propel 앞으로 나아가게 하다
handle 다루다, 처리하다

Being positive is powerful.

Being positive doesn't mean you are in denial of reality or are
too naive and believe the world is a fairy land. Being positive is
a deliberate choice and is the ability to see the good in things
everywhere. It's the power to not let circumstances take control
of you. If you think you are a negative person, I have good news:
no one is naturally born that way. A grateful person isn't someone
who somehow only experiences pleasures in life. Everyone
has a human brain, so if they can always find the good in all
circumstances, you can do it, too.

DAY

25

● ● ●

긍정적인 것은 힘이 있습니다.

긍정적이라는 것은 당신이 현실을 부정한다거나 세상이 요정 나라라고 믿을 만큼 순진하다
는 것이 아닙니다. 긍정적인 것은 의도적인 선택이고, 어디서든 좋은 것을 볼 수 있는 능력입
니다. 그것은 상황이 당신을 지배하지 않도록 만드는 힘입니다. 만약 당신이 부정적인 사람이
라고 생각한다면 좋은 소식이 있습니다. 선천적으로 긍정적으로 태어나는 사람은 없습니다.
감사하는 사람은 인생에서 즐거움만 경험하는 사람들이 아닙니다. 모든 사람은 똑같이 인간
의 뇌를 가지고 있기 때문에, 그들이 모든 상황에서 항상 좋은 것을 찾을 수 있다면 당신도 그
것을 할 수 있습니다.

denial 부인   naive 순진한   fairy land 요정 나라   deliberate 의도적인   ability 능력
circumstance 환경

Don't let it ruin your joy.

If you want true connection or influence, keep doing things that interest you. Don't let the anticipation of results ruin your joy. When you start doubting your service towards others because they are not rewarding you in return, you'll lose your spark. You have many ways to make money, but you chose to do something that wakes you up every day. When you become a person who can make money by doing what you love, you'll get the results you really want. But until you get there, be willing to disappoint the wrong crowd, be willing to have tons of fun, be willing to intentionally believe in yourself and your people. Enjoy every single step. Keep creating the change you want to see in the world.

DAY
26

● ● ●

기쁨을 빼앗기지 마세요.

진실한 관계와 영향력을 원한다면, 여러분이 흥미를 느끼는 일들을 계속하세요. 결과에 대한 기대가 당신의 기쁨을 망치지 않도록 하세요. 사람들이 당신에게 보상해 주지 않는다는 이유로 사람들에게 제공하는 나의 도움과 봉사를 의심하는 순간, 당신은 열정의 불꽃을 잃게 될 것입니다. 당신이 돈을 벌 수 있는 방법은 정말 많아요. 하지만 그중에서도 당신은 매일 당신을 깨우는 무언가를 선택했어요. 당신이 사랑하는 일로 돈을 벌 수 있는 사람이 되면, 당신은 당신이 정말로 원하는 결과를 얻게 될 거예요. 하지만 그 지점에 도착할 때까지는, 얼마든지 내가 원하지 않는 사람들을 기꺼이 실망시키거나, 모든 과정을 즐기거나, 그리고 당신 스스로와 당신의 사람들을 의도적으로 믿을 의지가 있어야 해요. 한 걸음 한 걸음을 즐기세요. 이 세상에서 보고 싶은 변화를 계속 만들어 가세요.

influence 영향력   anticipation 기대   ruin 망치다   intentionally 의도적으로

Nourish yourself.

Nourishing yourself is imperative. It will help you stay focused, produce quality results, make better choices, and become more intentional as you go through the day.

This is one of my favorite analogies. Let's say that someone offers you a meal, and in return you have to do whatever that person asks you to do. It sounds ridiculous, but if you think about it, you'll likely take the offer without hesitating if you've been starving for many days.

If you don't want to be dragged into doing things you don't want to do, feed your spirit. What makes you feel joyous? What helps you stay connected to your values? What brings out your best qualities? Find your own ways, and make it a routine.

DAY
27

● ● ●

스스로를 풍요롭게 하세요.

스스로를 풍요롭게 하는 것은 반드시 필요한 일입니다. 스스로를 풍요롭게 하는 것은 집중력을 유지할 수 있고, 좋은 결과를 낼 수 있으며, 더 나은 선택을 내릴 수 있고, 하루를 지내면서 훨씬 더 의도적으로 살 수 있게 도와줄 것입니다. 제가 가장 좋아하는 비유 중 하나를 말씀드리겠습니다. 누군가 당신에게 식사를 제공하고 그 대가로 그 사람이 시키는 것은 무엇이든 해야 한다고 가정해 보세요. 우습게 들릴 수 있지만, 생각해 보면, 만약 며칠 동안 계속 굶었다면 주저함 없이 그 제안을 받아들이게 될 것입니다. 원하지 않는 것에 끌려다니지 않으려면, 영혼을 배불리 하세요. 어떤 것이 당신을 기쁘게 하나요? 당신의 가치관과 지속적으로 연결되는 데 도움이 되는 것은 무엇인가요? 어떤 것이 당신의 최상을 이끌어 낼 수 있나요? 자신만의 방법을 찾아서 그것을 습관화시키세요.

----

nourish 풍요롭게 하다   imperative 반드시 해야 하는   analogy 비유   hesitate 망설이다
be dragged into 끌려가다

Take full ownership.

No one can give you the certainty that you need. No one can give you the perfect feeling you search for in others. Whatever you seek, you can find it from within yourself. The more you try to find the solutions from outside, the more you will be blinded from your own genius. Just take the first step. Take full ownership of your feelings. It will look something like this.

-You don't expect someone else to make you feel better.

-You make the choice, not because of someone, but because that's what you truly want.

If you can fully take charge of your life, you will get everything you'll ever need.

DAY

28

● ● ●

완전한 주도권을 가지세요.

아무도 당신에게 필요한 확신을 줄 수 없습니다. 그 누구도 당신이 다른 사람에게서 찾는 완벽한 감정을 줄 수 없습니다. 무엇을 찾든 당신의 내면에서 찾을 수 있습니다. 외부에서 해결책을 찾으려 할수록 이미 가지고 있는 자신만의 천재성을 놓치게 됩니다. 첫걸음을 앞으로 내디디세요. 당신의 감정에 대한 완전한 주도권을 가지세요. 자신의 감정의 주도권을 가진 사람은,

-누군가가 내 기분을 낫게 해 줄 거라고 기대하지 않습니다.

-다른 이 때문이 아니라, 자신이 진정으로 원하는 것이기 때문에 선택을 내립니다.

만약 당신의 삶을 완전히 책임질 수 있다면, 당신은 필요한 모든 것을 얻을 수 있을 것입니다.

ownership 소유(권)   solution 해결책   blind 눈이 멀게 만들다   take charge of 책임을 지다

Set up for success.

Create any environment that's easy for you to succeed in.
You may have experienced that when you feel empowered, you
can easily tap into your inner wisdom. Pesky problems can't even
bother you.
It's up to you to make yourself happy, generate your own
energy, and be connected to your intentions. You can create an
environment that makes it easy for you to do that. You can collect
all your joyful moments in a notebook, make a go-to confidence
boost playlist, or you can get creative and try your own idea.
Whatever it is, make it a daily routine.
If you set your life up this way, you become unstoppable. No one
can stop you or take your joy away.

DAY
29

성공을 위해 준비하세요.

성공하기 쉬운 환경을 만드세요. 스스로 힘이 있다고 느껴질 때, 내면의 지혜를 쉽게 사용할
수 있다는 것을 경험한 적이 있을 거예요. 성가신 문제들도 여러분을 방해하지 못할 것입니
다. 스스로를 행복하게 해 주고, 자신만의 에너지를 만들고, 삶의 의도와 연결되는 것은 당신
에게 달려 있습니다. 이런 것들을 하기 용이한 환경을 당신이 만들 수 있어요. 당신은 모든 즐
거운 순간을 공책에 담을 수 있고, 자신감을 높여주는 음악 재생 목록을 만들 수 있고, 당신은
창의적이 되거나 당신의 아이디어를 실현할 수 있습니다. 그게 뭐든 간에, 매일 할 수 있는 습
관을 만들어 보세요. 이런 방법으로 삶을 준비한다면, 당신은 그 누구도 막을 수 없는 존재가
됩니다. 아무도 당신을 방해하거나 당신의 즐거움을 빼앗아 갈 수 없게 됩니다.

---

empower 권한을 주다   tap into 사용하다/활용하다   pesky problems 성가신 문제들
boost 북돋우다   take away 빼앗다

Have fun in the way.

Are you having fun in the process of reaching your goals?

If not, you might want to check a few things.

First, check if you have created a goal from a place of scarcity.

Meaning, if the reason you set your goal is there's something
wrong with where you are or you don't have enough, chances
are, you'll dread your way there.

Second, check if you forgot or dismissed your "why" and are
caught up with just the action and result.

Ironically, the more you genuinely enjoy the journey rather than
rushing into getting a result, the more you'll create.

So remember what first got you started. With that energy, be
happy with the process of achieving your goals.

DAY
30

● ● ●

과정을 즐겁게 보내세요.

여러분은 목표를 달성하는 과정에서 재미를 느끼고 있나요? 그렇지 않다면 몇 가지 사항을
확인해 보는 것이 좋을 것입니다. 첫째, 결핍을 느끼는 상태에서 목표를 설정했는지 돌아봐야
합니다. 즉, 당신이 있는 곳이 잘못되었고, 당신에게 충분한 기회가 없다는 생각으로 당신의
목표를 정했다면, 그 목표를 향해 가는 길이 두려울 것입니다. 둘째, 당신이 "왜" 이 목표를 설
정했는지를 잊어버렸거나 무시하고 있지는 않은지, 그리고 그냥 실천하는 것과 결과에만 집
착하고 있지는 않은지 돌아봐야 합니다. 아이러니하게도, 결과를 성급하게 만들기 위해 달려
드는 것보다, 진정으로 그 과정들을 더 즐길수록 더 많은 결과들을 만들 수 있습니다. 그래서
당신이 처음 시작하게 된 이유를 기억하세요. 그리고 그 에너지로 목표를 달성하는 과정을 즐
겨 보세요.

scarcity 결핍   dread 두려워하다   dismiss 중요하지 않게 여기다
caught up with 정신 팔리다   rush into 급하게 ~하다

Don't make it a problem.

There is great power in powerlessness. There is great value in stillness. There is a lesson in every different chapter of your life. And, it's completely natural for you to have low energy at times. But the problem is you don't want to have those days at all, or you just don't know how to get out of a place where you feel like you're spiritually disconnected.

So I'll tell you. First, don't make it a problem. It's not. Second, be a human. You are not a robot. You can still give so much value if you show up even with the low energy. Third, listen to the things that will lift you up without any pressure. Just expose yourself to things like inspiring books, songs, or any type of audio message.

DAY

31

● ● ●

문제로 만들지 마세요.

무력함에는 위대한 힘이 있습니다. 정체에는 큰 가치가 있습니다. 인생의 모든 장에는 교훈이 있습니다. 때때로 당신이 에너지가 떨어지는 것은 지극히 당연한 일입니다. 하지만 문제는 그런 날을 전혀 보내고 싶지 않거나 또는 영적으로 단절되었다고 느끼는 상태에서 벗어날 방법을 모르는 것이 문제라고 여길 수 있습니다. 그래서 말씀드립니다. 첫째, 그것을 문제 삼지 마세요. 문제가 아닙니다. 둘째, 인간이 되세요. 당신은 로봇이 아닙니다. 에너지가 부족해도, 그럼에도 내 할 일을 한다면 여전히 가치를 전달할 수 있습니다. 셋째, 당신을 일으켜 줄 것들에 아무런 부담 없이 귀를 기울이세요. 영감을 주는 책, 노래 또는 어떤 종류의 오디오 메시지에 그저 귀를 노출시키세요.

powerlessness 무력감   stillness 정체   spiritually 영혼으로, 정신적으로
lift someone up 누군가를 일으켜 주다   expose 노출시키다

PART 04

Intention

⋮

"You don't have to wait to be that person."

- From day 35 -

"당신은 그 사람이 되기 위해 기다릴 필요가 없습니다."

Set an intention.

Setting an intention in the morning is a great way to design your day.

Directly going through your day without intentional planning is like stepping back from the driver's seat and letting random people or events run your day. It's either you run the day, or the day runs you.

Ask questions like, "How do I want to show up today?", "What do I want to remember?", or "How do I want to handle the challenge if it comes up?"

All of these questions will help you live consciously instead of being on autopilot mode.

It doesn't take long. It can even take just one minute to choose one question and think about how you want to live your day. This simple practice can turn your same old day upside down.

DAY
32

목적을 세우세요.

아침에 목적을 세우는 것은 당신의 하루를 설계하는 좋은 방법입니다. 의도적인 계획 없이 하루를 바로 보내는 것은, 마치 당신이 운전석에서 물러나 앉아서, 다른 사람 혹은 사건에게 운전석을 맡겨 버리는 것과 같습니다. 즉, 여러분이 여러분의 하루를 오롯이 지배하던지, 그 하루가 여러분을 지배해 버리던지 둘 중 하나가 됩니다. "오늘 어떤 모습으로 살기 원하나?" "무엇을 기억하고 싶나?" 또는 "어려움이 발생할 경우 어떻게 대처하고 싶나?"와 같은 질문을 해 보세요. 이 모든 질문은 "자동 조종 모드" 대신 의식적으로 원하는 하루를 살 수 있도록 도와줍니다. 오래 걸리지 않아도 됩니다. 단 1개의 질문을 선택하고 하루를 어떻게 살고 싶은지 생각하는 데 1분밖에 안 걸릴 수도 있습니다. 이 간단한 연습은 매일매일 똑같기만 한 것 같은 우리의 일상을 완전히 뒤바꿔 줄 수도 있습니다.

intention 의도, 목적   go through ~을 겪다   step back 물러서다   autopilot mode 자동 모드
upside down 거꾸로

If today was my last day…

One of my favorite questions to ask myself is, "If nothing changed, and today was my last day, what difference would I make from other ordinary days?"

I would want to start my day with a different energy. Appreciate everything that has been given to me, including my family, the place I live in, and my work. I would like to give my best and show up as the best version of myself. I would tell my dad how much I appreciate him and love him. I wouldn't waste my energy or time worrying. I would take massive actions. I start the day with this mindset. Everything then feels different. Instead of worrying and indulging, I can love more, live more, and do more.

DAY

33

● ● ●

오늘이 마지막 날이라면…

제가 가장 좋아하는 질문 중 하나는 "만약 모든 게 똑같은데 단지 오늘이 나의 마지막 날이라면, 다른 평범한 날들과 어떻게 다른 하루를 보낼까?"입니다. 저는 다른 에너지로 하루를 시작할 것 같아요. 지금까지 저에게 허락되고 주어진 모든 것들에 감사드리고 싶어요. 가족들, 내가 사는 곳, 그리고 지금 하는 일을 포함해서요. 저는 무엇이든 최선을 다하고 싶고, 어디든 최고의 상태로 나타나고 싶어요. 아버지께 얼마나 감사하고 사랑하는지 말씀드리고 싶어요. 쓸데없는 걱정을 하느라 에너지나 시간을 낭비하지 않을 거예요. 어마어마한 양의 행동들을 실천할 거예요. 저는 이런 마음으로 하루를 살아갑니다. 그러면 모든 게 다르게 느껴져요. 걱정하거나 무언가를 탐닉하는 대신, 저는 더 많이 사랑할 수 있고, 더 내 삶을 살수 있고, 그리고 무엇이든 더 많이 실제로 할 수 있습니다.

We have limited time.

We come across epiphanies at unexpected moments. I had one
of them when I was reading a book called "Life Lessons." It said
something like, "We often forget that we have limited time here on
earth" and that simple fact just struck me.

Being aware that our time here is limited can help us reconnect
with our values and appreciate the people close to us. That can
bring tremendous abundance to our lives. This is my secret to
having fulfilling relationships in my life. Whenever I find myself
taking my family, or friends for granted, I take a deep breath and
remember that I only have a limited time with them. How would
your relationships be different if you let this fact sink in?

DAY
34

●　●　●
우리의 시간은 한정되어 있습니다.

우리는 예상치 못한 순간에 깨달음을 발견하게 됩니다. 저는 『인생 교훈』이라는 책을 읽었
을 때 그런 적이 있었습니다. 거기에는 "우리는 종종 여기 지구에 시간이 한정되어 있다는 것
을 잊곤 합니다"라고 쓰여 있었습니다. 그리고 그 간단한 사실이 절 놀라게 했습니다. 이곳에
서 우리의 시간이 한정되어 있다는 것을 깨닫는 것은 우리 가치관에 다시 연결될 수도 있고,
가까운 사람들과의 관계를 감사하도록 도울 수 있습니다. 그리고 그것은 우리의 삶에 엄청난
풍요로움을 가져다줄 수 있습니다. 이것이 제가 인생에서 충만한 관계를 맺는 비결입니다. 가
족이나 친구를 당연하게 여기는 나 자신을 발견할 때마다, 저는 심호흡을 크게 하고 그들과
함께하는 시간이 한정되어 있다는 것을 기억합니다. 이 사실을 충분히 인식한다면 여러분이
맺고 있는 관계들이 어떻게 달라질까요?

epiphanies 깨달음의 순간   unexpected 예상 밖의   struck 갑자기 떠오르다   abundance 풍요
take a deep breath 심호흡하다   sink in 충분히 인식하다

Choose who you want to be.

Imagine the best version of yourself. What are the three words that best describe the characteristics of this future you? Are you driven? Passionate? Kind? I've got news for you. You don't have to wait to be that person. You can choose to be that person starting right now. Actually, you must practice starting from today. Because the truth is, even though you have the perfect job and people who love you, if you don't have the skills to intentionally show up as the person you strive to be, you'll never become that person. You don't become what you want. You become what you are accustomed to.

Start every morning with this question, "Who do I choose to be today?"

DAY
35

● ● ●
어떤 사람이 되고 싶은지 선택하세요.

당신의 가장 좋은 모습을 상상해 보세요. 미래의 당신의 특징을 가장 잘 설명하는 세 단어는 무엇입니까? 당신은 추진력이 있나요? 열정적인가요? 친절한가요? 당신을 위한 소식이 있습니다. 당신은 그 사람이 되기 위해 기다릴 필요가 없습니다. 지금부터 그 사람이 되는 것을 선택할 수 있습니다. 사실 오늘부터 연습하셔야 해요. 왜냐하면, 당신이 완벽한 직업과 당신을 사랑하는 사람들을 가졌어도, 만일 당신이 노력해서 되고 싶은 그 사람으로서의 모습을 의도적으로 나타내려는 기술을 가지지 못한다면, 당신은 영원히 그 사람이 될 수 없을 것이기 때문입니다. 당신은 원하는 사람이 되지 않습니다. 당신이 계속 익숙해진 그 사람이 되는 거예요. 매일 아침 이 질문으로 시작하세요. "오늘 나는 누구로 살기로 선택할 것인가?"

Choose who you want to be.

Life isn't a fairy tale.

Imagine you've achieved every single goal in your life.

-You've made the 50-million-dollar mark.

-You've gotten married to the partner of your dreams.

-You have an amazing body.

What happens next? Life isn't a fairy tale that ends with "They lived happily ever after." I'll tell you something you may already know. Nothing changes after all the flashy big accomplishments. At the end of the day, you still live an imperfect human life. If you'll be a better person only after you get what you want, the game will never end. You'll need to make more and more money, and it'll never be enough. So, why don't we just be better people now? Why don't we choose to be happier now and enjoy the journey?

DAY

36

인생은 동화가 아닙니다.

삶의 모든 목표를 이루었다고 상상해 보세요.
- 당신은 5,000만 달러를 벌었습니다.
- 당신은 꿈꾸던 파트너와 결혼했습니다.
- 당신은 멋진 몸을 가지고 있습니다.

그럼 그다음은 어떻게 되나요? 삶은 "그들은 평생 행복하게 살았습니다."로 끝나는 동화가 아닙니다. 이미 당신이 알고 있을 수 있는 이야기를 해 드리겠습니다. 눈부신 큰 성과를 거두고도 변하는 것은 없습니다. 결국 가장 중요한 것은 당신은 여전히 불완전한 인간의 삶을 살아간다는 것입니다. 원하는 것을 얻어야만 더 나은 사람이 될 수 있다면, 그 게임은 영원히 끝나지 않을 것입니다. 당신은 점점 더 많은 돈을 벌어야 할 것이고, 그건 영원히 충분하지 않을 테니까요. 그러니 지금 좀 더 나은 사람이 되는 게 어때요? 지금 좀 더 행복해지고, 인생이라는 여정을 즐겨보는 건 어떨까요?

fairy tale 동화 flashy 호화로운, 현란한 at the end of the day 결국에는 imperfect 불완전한

Don't be confused.

Feeling is always a choice. Every feeling has a purpose and can be switched to another with new thoughts. In other words, you are confused not because that's how you are, but probably because you want to feel confused.

It's one hundred percent fine to feel whatever you want. All you need to know is that you have a choice. And if that feeling becomes a habitual thing that doesn't do you any good, you can choose to stop.

So, if feeling confused doesn't help you, stop being confused. Stop saying, "I don't know." Instead, say, "It's okay if I don't have the answers. I'll figure it out along the way."

DAY
37

● ● ●

혼란스러워하지 마세요.

감정은 언제나 선택할 수 있습니다. 모든 감정에는 목적이 있고, 새로운 생각을 통해 다른 감정으로 바뀔 수 있습니다. 다시 말해, 당신이 혼란스러운 이유는 당신이 그런 사람이기 때문이 아니라 아마도 혼란스러워하고 싶기 때문일 것입니다. 당신이 원하는 감정을 느끼는 것은 100% 괜찮습니다. 당신이 알아야 할 것은 감정에 선택권이 있다는 것입니다. 그리고 만약 어떤 감정이 당신에게 아무런 도움이 되지 않는 습관적인 것이 되었다면, 그 감정을 멈추는 것 또한 선택할 수 있습니다. 그러니 혼란스러움이 도움이 되지 않는다면 이제 그만 혼란스러워하세요. "모르겠어."라고 말하지 마세요. 대신 "지금 내가 답이 없어도 괜찮아. 앞으로 찾아가면 돼"라고 말해 보세요.

confused 혼란스러운　be switched 바뀌다　habitual 습관적인　figure it out 알아내다

Be selfish.

Give yourself what you deserve. Whether it's quality time by yourself, taking on a new challenge, or investing in yourself, you should be willing to be selfish for selfless reasons.

Your friend might invite you to come to her party, and of course, if you want to be there, you can. But don't be a people pleaser just because you are afraid she might be upset. We have limited time and energy. At the end of the day, you must prioritize what matters most. Think how you can serve people not just for their own good, but in a way that also feels joyous to you. Think how much more you can contribute if you are not afraid to be judged, and instead decide to focus on growth.

DAY

38

• • •

이기적이 되세요.

당신이 마땅히 받아야 할 것들을 스스로에게 주세요. 혼자만의 의미 있는 시간이든, 새로운 도전을 하는 것이든, 혹은 나 자신에게 투자하는 것이든, 이타적인 이유로 기꺼이 이기적이 되어야 합니다. 당신의 친구는 당신을 그녀의 파티에 초대할 수 있습니다. 그리고 물론 당신은 거기에 가고 싶다면 갈 수 있어요. 하지만, 그 친구가 속상해할까 봐 두려워서 다른 사람을 기쁘게 하는 사람이 되지는 마세요. 우리의 시간과 에너지는 한정되어 있습니다. 결국 나에게 가장 중요한 것들을 우선순위에 두어야 해요. 그저 다른 사람을 위해서만이 아니라 당신에게도 역시 기쁨이 되는 방식으로 사람들에게 봉사하는 방법을 생각해 보세요. 만약 당신이 평가받는 것을 두려워하는 것 대신 성장에 집중하기로 결정한다면 얼마나 더 많이 기여할 수 있는지 생각해 보세요.

selfish 이기적인   invest 투자하다   prioritize 우선순위를 매기다   contribute 기여하다
judge 평가하다, 판단하다

Slow down.

Every day, take at least 5 to 10 minutes to slow down. Pause for a moment, and take a deep breath. As you breathe out, imagine you are releasing all the toxic thoughts and energy from your body. You can also do your own version of quiet prayer or meditation. My recommendation is that you take time to have a conversation with your 97-year-old self, and expand on all your best qualities.

The difference you'll make by taking a few minutes to slow down will be significant. People who stay focused, connected to their values, and continuously show excellent performance in every area of their lives always take their own time to prime themselves. Try it. Not just for the inner peace, but for creating the life you deserve.

DAY
39

• • •

속도를 줄이세요.

매일 5분에서 10분 정도 속도를 줄이는 시간을 가지세요. 잠시 멈추었다가, 심호흡을 하세요. 숨을 내쉬면서 모든 안 좋은 생각과 에너지를 내보낸다고 상상해 보세요. 또는 나에게 맞는 방식으로 조용히 기도하거나 명상을 해 보는 시간을 가져 보세요. 97세가 된 미래의 자신과 대화하는 시간을 가져 보거나 내가 가지고 있는 모든 강점을 확장시키는 것도 추천합니다. 단 몇 분이지만, 이 시간을 가짐으로써 만들게 되는 차이는 굉장합니다. 집중력을 유지하고, 자신의 가치관과 연결된 삶을 살고, 삶의 모든 영역에서 지속적으로 뛰어난 성과를 보이는 사람들은 언제나 이런 자신만의 시간을 갖고 자신을 최상화 시킵니다. 시도해 보세요. 단지 마음 속에 평안함을 누리기 위해서뿐만 아니라, 당신이 마땅히 누려야 할 삶을 창조하는 데 있어서 도움이 될 것입니다.

Slow down.

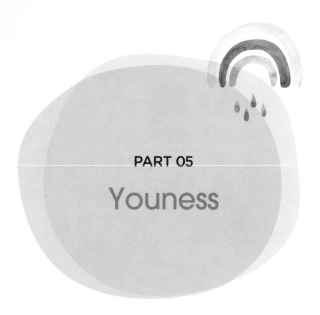

PART 05

Youness

"Be brave enough to be unapologetically you."

- From day 41 -

"스스로에 대해 사과하지 않는 용기를 가지세요."

You are the sum of everything beautiful.

If you are wondering who you really are, try this. Think of all the proud and grateful moments where you felt a deep sense of love, fulfillment, and joy. Ask yourself, "What was so special about this moment that it's still alive in my heart?", "What did I hear?" "What did I see?", and "What did those moments mean to me?" Take your time to answer each. The answers will tell you what you value, and who you really are on a spiritual level. If you can, step into those moments right now as if you are living it again. Feel every inch of all the amazing feelings. You are kindness, love, passion, strength, possibilities, and victory. You are the sum of all these beautiful gifts. That's who you really are.

DAY

40

● ● ●

당신은 아름다운 모든 것의 총합입니다.

당신이 진짜 누구인지 궁금하면 이것을 시도해 보세요. 당신이 깊은 사랑, 성취감, 그리고 기쁨을 느낄 자랑스럽고 감사한 순간을 생각해 보세요. 스스로에게 물어보세요, "그 순간들이 뭐가 그렇게 특별해서 아직도 내 가슴속에 살아 있을까?", "내가 어떤 걸 들었었지?", "뭘 봤지?" 그리고 "그것들이 나에게 어떤 의미들이었지?" 그 각각의 질문들에 천천히 답변해 보세요. 그 대답들은 당신이 어떤 것에 가치를 두는지, 그리고 영적으로 진정 어떤 사람인지 말해 줄 거예요. 가능하다면, 다시 그때를 살고 있는 것처럼 지금 당장 그 순간들로 걸어 들어가 보세요. 그 놀라웠던 느낌과 감정들을 하나도 빠짐없이 모두 느껴 보세요.

당신은 친절, 사랑, 열정, 힘, 가능성, 그리고 승리입니다. 당신은 이 모든 아름다운 선물들을 합친 사람이에요. 그게 진짜 당신이에요.

You are the sum of everything beautiful

sum 총합 wonder 궁금해하다 step into 발을 들이다 every inch 구석구석

Be unapologetically you.

Don't let disappointment of others hold you back. Don't let others' opinions get to you.

Stay true to your values. Listen to your intuition and be free to be creative in your own way.

If you try to stop others from judging you, you'll always have to over-explain yourself, doubt your process, say things you don't actually mean, and do things that are not in alignment with who you truly are.

And in the end, you'll end up with people who want "their version" of you.

Be brave enough to be unapologetically you. Let them be disappointed if they want; don't manipulate anyone into liking you. Own who you are. With this special gift, you'll heal, you'll inspire, and you'll liberate others to be themselves as well.

DAY
41

● ● ●

스스로에 대해 사과하지 마세요.

다른 사람들의 실망이 당신을 멈춰 서게 두지 마세요. 다른 사람들의 의견이 당신에게 영향을 주게 하지 마세요. 여러분의 가치관에 충실하세요. 스스로의 직관에 귀 기울이고 당신만의 방법으로 창의적이 되는 데 주저하지 마세요. 다른 사람들이 여러분을 판단하는 것을 막으려고 노력하다 보면, 항상 사람들에게 불필요한 설명을 하게 될 것이고, 당신의 과정들을 의심하게 되고, 진심이 아닌 말을 하게 되고, 여러분 스스로와 일치하지 않는 행동들을 하게 될 거예요. 그리고 결국에는, 여러분은 '다른 사람들이 원하는' 여러분의 모습으로 살아가게 될 거예요. 스스로에 대해 사과하지 않는 용기를 가지세요. 만약 그들이 원한다면 실망하도록 놔 두세요. 다른 사람들이 당신을 좋아하도록 이런저런 행동을 하지 마세요. 당신을 오롯이 드러내세요. 그렇게 할 때 당신의 그 특별한 재능으로, 당신은 다른 사람들을 치유하고, 영감을 주고, 그리고 그들도 당신처럼 그들의 모습대로 자유롭게 살 수 있도록 해 줄 거예요.

unapologetically 미안한 기색도 없이, 당당하게   opinion 의견   alignment 일치시키다
manipulate 조종하다   liberate 자유롭게 해 주다

Refuse to fit in.

Do you sometimes compromise your values just to "fit in?"
When being highly sensitive is an amazing gift that allows you to
appreciate and savor small moments in life, you shame yourself
for being "high maintenance" to other people. You sometimes
pretend to complain or gossip with others just to socialize and
secretly feel bad inside. Liberate yourself from all actions that you
do just to fit in. Otherwise, you'll end up with people you don't
want to spend time with. They won't even know who you really
are. Own your truths and be a shining example of authentic. Say
what's real and be real. Regain your power by fully loving your
imperfect humanity.

DAY
42

• • •

어울리는 것을 거부하세요.

당신은 단지 "어울리기" 위해 때때로 자신의 가치를 타협하나요? 여러분이 매우 예민하다면,
그건 인생의 작은 순간들을 음미하고 감상할 수 있는 놀라운 재능임에도, 여러분은 내가 다른
사람들에게"까다롭게" 군다는 사실에 수치심을 느낍니다. 여러분은 때때로 그저 사회적으로
어울리기 위해 일에 대해 불평하고 다른 사람을 험담합니다. 그러고는 내면에서 기분이 안 좋
아지죠. 그러니 단순히 어울리기 위한 행동들에서 자유로워져 보세요. 안 그러면 결국 당신은
자신이 어울리고 싶지도 않은 사람들과 함께 할 거예요. 그들은 본래 당신이 어떤 사람인지
알지도 못할 거예요. 여러분이 믿는 것들을 오롯이 간직하며 진정한 사람의 본보기가 되어 보
세요. 진짜 생각을 말하고, 그리고 진짜가 되세요. 먼저 본인의 불완전한 인간성을 완전하게
사랑함으로써 힘을 되찾아 보세요.

Refuse to fit in.

refuse 거부하다   fit in 어울리다   compromise 타협하다   savor 음미하다   high maintenance
까다로운, 손이 많이 가는 authentic 진짜인, 진본인

Own your beauty.

What do you see when you look at yourself? Sometimes it's easy for you to see good things in others, but when somebody compliments you, it's hard to take it. And sometimes, you don't even think you deserve it. You don't see how amazing you are. So let me tell you. You possess a beautiful soul. You have superpowers that can help people. Your genius creativity is a diamond that the world desperately needs. Your presence lights up the room. You are strong, not because you don't break, but because you are born anew each time. You are not perfect, and that's what makes you such an attractive human. Own your beauty. Be yourself. That's the best gift you can give to the world.

DAY

● ● ●
자신의 아름다움을 받아들이세요.

당신은 자신을 볼 때 무엇을 보나요? 다른 사람에게서 좋은 면을 보는 것은 쉬운데, 누군가가 당신을 칭찬하면 받아들이기 어렵습니다. 그리고 가끔은 스스로가 그럴 자격이 없다고 생각하기도 하죠. 당신은 당신이 얼마나 멋진지 보지를 못해요. 그러니까 제가 말해 줄게요. 당신은 정말 아름다운 영혼을 가지고 있어요. 당신은 사람들을 도울 수 있는 초능력을 가지고 있어요. 당신의 천재적인 창의력은 세상이 절실히 필요로 하는 다이아몬드입니다. 당신의 존재는 방 전체를 밝혀 줍니다. 당신은 강해요. 당신이 부러지지 않아서가 아니라 매번 새로 태어나기 때문이에요. 당신은 완벽하지 않아요. 그리고 그것이 당신을 매력적인 사람으로 만들어요. 당신의 아름다움을 받아들이세요. 당신다워지세요. 그것이 당신이 세상에 줄 수 있는 최고의 선물이에요.

Own your beauty.

compliment 칭찬하다   possess 갖고 있다   desperately 몹시, 지독하게   own 받아들이다

Shine brighter.

If you are a creative, self-expressive person, and possess a
unique gift, you will always meet two different crowds.
The first crowd are the people who tell you you should tone it down
a little bit. They want you to be just "average" or "compliant."
They will score you from their own perspectives and the way they
accustomed themselves to "the rules."
The second crowd are the people who see the magic in you. They
adore you and support you. They get you and love everything
about you. Their lives are changed because of you. Don't dim
your light because of the wrong crowd. Focus on love and support
instead of toxic criticism disguised as feedback. Shine brighter.

DAY
44

더 밝게 빛나세요.

만약 당신이 창조적이고, 자기 표현력이 뛰어나고, 특별한 재능을 가지고 있다면, 당신은 항
상 다른 두 종류의 군중을 만나게 될 것입니다. 첫 번째 군중은 여러분에게 조금 더 절제해야
한다고 말하는 사람들입니다. 여러분이 그저 "평균", "순응하는" 사람이 되기를 원하는 사람
들입니다. 그들은 자신의 관점과 자신들이 익숙해진 "규칙"에 따라 당신을 평가할 것입니다.
두 번째 군중은 당신 안에 있는 마법을 보는 사람들입니다. 그들은 당신을 사랑하고 지지합니
다. 그들은 당신을 이해하고, 당신의 모든 것을 사랑합니다. 그들의 삶은 당신을 통해 변화되
었습니다. 나쁜 군중들 때문에 당신의 빛을 어둡게 낮추지 마세요. 피드백으로 위장한 독설보
다는 사랑과 지지에 집중하세요. 더 밝게 빛나세요.

self-expressive 자기 표현의   tone it down 강도를 줄이다   compliant 순응하는
accustomed to ~에 익숙한   disguise 변장하다, 위장하다

Be fair.

If you are going to talk about your weakness, don't just stop there.
If you are going to tell me your weakness is exactly the reason
why you can't love yourself, please talk about your strengths, too.
Give your achievements, talents, and infectious smile a chance.
They deserve your credit.
Do the same thing in a relationship. If you are going to complain
about someone, be fair and say how they have grown you into a
better person. No one's perfect. Some seem perfect only because
we haven't looked close enough. I invite you to give more credit to
yourself.

DAY

45

● ● ●

공평해지세요.

만약 당신의 약점에 대해 이야기할 거라면, 거기서 멈추지 마세요. 만약 당신이 바로 그 약점
때문에 자신을 사랑할 수 없다고 이야기할 거라면, 공평하게 자신의 강점에 대해서도 이야하
세요. 당신의 업적, 재능, 매력 있는 미소에 기회를 주세요. 그것들은 당신의 칭찬을 받을 만해
요. 관계에서도 똑같이 공평하게 이야기하세요. 만약 당신이 누군가에 대해 불평을 할 것이라
면, 그들이 당신을 어떻게 더 나은 사람으로 성장시켰는지 말하세요. 완벽한 사람은 없습니
다. 완벽해 보이는 사람은 단지 자세히 보지 않았기 때문에 그렇게 보이는 것입니다. 자신을
더 인정해 주세요.

Be fair.

weakness 약점   infectious smile 매력적인 미소   give a chance 기회를 주다

Love your flaws.

Your flaws are what make you special. You are not a flawless robot.

You are a beautiful, imperfect human. There can be many things you are not good at. Maybe you lack attention to detail, maybe you're disorganized or maybe sometimes you get too emotional. However, you are very creative. You go above and beyond when it comes to what you're passionate about. You have a perspective that keeps you loving, kind, and supportive to yourself, your team, and your family. Don't judge yourself for your flaws and love them instead. When you are brave enough to be vulnerable, there's so much more you can do.

DAY
46

● ● ●

당신의 흠을 사랑하세요.

당신의 결점은 당신을 특별하게 만듭니다. 당신은 흠 없는 로봇이 아닙니다. 당신은 아름답고 불완전한 인간입니다. 당신이 잘하지 못하는 것이 많을 수 있습니다. 아마도 당신은 꼼꼼함이 부족하거나, 물건을 정리하지 못하거나, 때때로 너무 감정적일 수 있습니다. 하지만 당신은 매우 창의적입니다. 당신은 당신이 열정을 가지고 있는 것에 대해서 그 이상의 것을 합니다. 당신은 당신 스스로와 팀, 가족을 사랑하고, 친절하고, 지지할 수 있는 관점을 가지고 있습니다. 자신의 결점을 판단하지 말고, 사랑하세요. 취약해질 만큼 용감해질 때, 할 수 있는 일이 훨씬 더 많아집니다.

Love your flaws.

flaw 흠   be good at ~을 잘하는   when it comes to ~에 관한 한   perspective 관점
vulnerable 취약한

Practice self-image.

No matter how much others adore you and think you are special,
those compliments mean nothing if you don't believe it yourself.
Your self-image affects you more than anyone else's image of
you. How do you see yourself right now? Is your worth based on
your appearance? Is it based on results you create? Is it based
on your productivity? If you are trying to prove something so that
you can feel better about yourself, nothing will ever be enough.
Who you are right now is someone who is always worthy. Start
practicing self-image, so you will no longer have to validate
anything to anyone. Then you can crush at whatever it is you love
doing, not because you must prove it, but because you can.

DAY
47

• • •

자아 이미지를 연습하세요.

다른 사람들이 당신을 얼마나 사랑하고, 당신이 특별하다고 생각하든 간에, 당신이 그것을 믿
지 않는다면 그 칭찬은 아무 의미도 없습니다. 당신의 자아 이미지는 다른 사람이 당신을 보
는 이미지보다 당신에게 더 많은 영향을 줍니다. 당신은 지금 자신을 어떻게 보고 있나요? 당
신의 가치는 당신의 외모에 기반하고 있나요? 당신이 만들어내는 결과에 기반하고 있나요?
당신의 생산성에 기반을 두고 있나요? 만약 당신이 당신에 대해 좀 더 기분 좋게 느끼려고 자
신에 대해 무언가를 증명하려고 한다면, 그 어떤 것도 충분하지 않을 것입니다. 지금의 당신
은 언제나 가치가 있습니다. 더 이상 다른 사람에게 아무것도 검증할 필요가 없도록 자아 이
미지를 연습해 보세요. 그리고 당신이 사랑하는 그 일을 멋지게 잘 해내세요. 누군가에게 증
명해야 하기 때문이 아닌, 당신에겐 그럴 능력이 있기 때문이죠.

self-image 자아상   adore 사랑하다   compliment 칭찬   based on ~에 기반하여
validate 증명하다   prove 입증하다

Focus on your strengths.

Focus on your strengths. Develop what you can do best. Focusing on your strengths does not mean you get to skip all the work that makes you feel uncomfortable and only do things that feel "natural" to you. That's just giving into urges. It really means jumping into the pool of uncertainty and using your strength to figure out all the challenges of life, which at times make you feel like you want to run away. Everyone has their own strengths. If you don't know yours yet, look them up. If positivity is your strength, use it to make work fun. Help people see the bright side. Help everyone win the game. Think about how you can integrate your strengths to bring out excellence.

● ● ●

강점에 집중하세요.

당신의 강점에 집중하세요. 당신이 가장 잘할 수 있는 것을 개발하세요. 당신의 강점에 집중한다는 것은 당신을 불편하게 만드는 모든 일을 건너뛰고 당신에게 "자연스럽게" 느껴지는 일들만 하면 된다는 것을 의미하지는 않습니다. 그건 단지 내가 하고 싶은 욕구에 굴복하는 것에 지나지 않습니다. 강점에 집중한다는 것은, 불확실함 속으로 뛰어들고, 때때로 도망치고 싶은 모든 어려운 일들도 당신의 힘을 사용해 해결한다는 것을 의미합니다. 사람마다 자신만의 강점이 있습니다. 아직 당신의 강점을 모른다면 찾아보세요. 만약 긍정이 당신의 강점이라면, 당신이 하고 있는 일을 즐겁게 할 수 있게 긍정을 사용해 보세요. 사람들이 긍정적으로 상황을 바라볼 수 있도록 도우세요. 모두가 이길 수 있도록 도우세요. 자신의 강점들을 통합하여 최상을 이끌어낼 수 있는 방법에 대해 생각해 보세요.

focus on ~에 초점을 맞추다   give into (유혹에) 굴복하다   urge 욕구, 충동
jump into 뛰어들다   at times 때로는   integrate 통합시키다

Be honest with yourself.

What is it that you truly want? What's holding you back from it? Is it fear? Or is it lies? Don't tell yourself you are not passionate or you are not talented enough to do important things. Don't tell yourself you are not a leader because you are not the right person. Being rich is not evil. Having power is not lonely. They are nothing more than neutral tools to get what you want. If you want to control people or prove that you are superior, that's what you will create using those tools. If you want to serve people and help them live an abundant life, that's what you will create using those tools. Which tools you choose will show you who you are. So, be honest about what you want. And don't let anything stop you.

DAY
49

• • •

스스로에게 솔직해지세요.

당신이 진정으로 원하는 것이 무엇인가요? 무엇이 당신을 가로막고 있나요? 두려움인가요? 아니면 거짓말인가요? 자신이 열정이 부족하다거나, 중요한 일을 할 수 있을 만큼의 재능은 없다고 스스로에게 말하지 마세요. 리더에 적합한 사람이 아니라고 스스로에게 말하지 마세요. 부자가 되는 것은 악이 아닙니다. 권력을 갖는 것은 외로운 일이 아닙니다. 돈, 권력은 당신이 원하는 것을 얻기 위한 "중립적인 도구"에 지나지 않습니다. 사람들을 통제하고 싶거나, 자신이 우월하다는 것을 증명하고 싶다면, 자신이 가지고 있는 도구를 사용하여 그런 일을 할 것입니다. 사람들을 섬기고, 풍요로운 삶을 살 수 있도록 돕고 싶다면, 자신이 가지고 있는 도구를 사용하여 그런 일을 할 것입니다. 당신이 어떤 도구를 사용하는가가 당신이 누구인지를 보여 줄 것입니다. 그러니 당신이 진정으로 원하는 것에 대해 솔직해지세요. 그리고 그 무엇도 당신을 가로막지 못하게 하세요.

Be honest with yourself.

hold back 망설이다, 가로막다   lonely 외로운   neutral 중립의   abundant 풍부한, 풍족한

Live as a beautifully imperfect human.

Some days you feel intense sadness. Some days you feel powerless. It's easy to beat yourself up for it. Because maybe in your mind, you always need to be smiling, measuring up, and showing up as the best version of yourself. But what if there's tremendous value in sadness and powerlessness? What if it's the only place where you can truly be inspirational, deeply connected, and courageous? What if those days are also part of a well-lived life? Life is not always about positivity and motivation. Life is also about having an imperfect human experience. And ironically, there lies so much strength, healing, and freedom in that imperfection.

DAY
50

● ● ●

아름답게 불완전한 인간으로 삶을 사세요.

당신은 어떤 날은 극심한 슬픔을 느낍니다. 어떤 날은 무기력함을 느낍니다. 그런 날은 자책 하기 쉽습니다. 왜냐하면 아마도 여러분 마음속에서 스스로는, 항상 잘 웃고, 기대에 부응하 고 그리고 최상의 상태로 나타나야 한다고 생각하기 때문일 겁니다. 하지만 만약 내가 느끼는 슬픔과 무기력함에 엄청난 가치가 있다면 어떨까요? 만약 그러한 감정들을 느끼는 내 안의 그 공간이, 내가 진정으로 영감을 받고, 깊게 연결되고, 그리고 용기를 가지고 나타날 수 있는 유일한 공간이라면 어떨까요? 그리고 그러한 날들이 내가 잘 사는 삶의 일부라면요? 인생은 항상 긍정적이고 동기 부여받는 그런 것이 아닙니다. 인생은 불완전한 인간의 경험들도 포함 하는 것입니다. 그리고 아이러니하게도 그 경험들에는, 너무나 많은 힘, 치유, 그리고 불완전 함으로부터의 자유가 들어 있습니다.

Live as a beautifully imperfect human.

intense 강렬한, 극심한   beat oneself up 자책하다   measure up 기대에 부응하다   imperfect
불완전한   ironically 역설적이게도

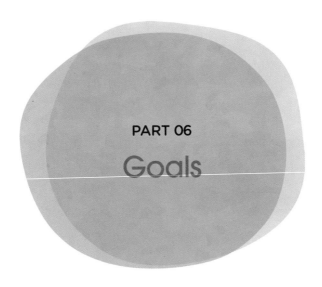

PART 06

Goals

"Focus on becoming
the next version of yourself."

- from Day 55 -

"당신의 다음 버전이 되는 것에 집중하세요."

Continue to create awesome results.

When is the last time you've truly celebrated your achievements?
Instead of giving yourself credit, did you say something like, "It's
nothing," "You got lucky," or "Don't get too excited?" Appreciating
yourself for making things happen is not a small thing. It's actually
a secret formula for continuously creating awesome results.
When is the last time you've truly been there for yourself when you
failed? Instead of being supportive, did you say something like "I
knew it," "You are pathetic," or "No one will want you anymore?"
Having compassion for yourself is one of the greatest strategies for
living a wonderful life. If you want a better life, commit to building
a loving relationship with yourself. I invite you to love yourself
when you're winning and when you're losing.

DAY

51

● ● ●

계속해서 멋진 결과를 만드세요.

마지막으로 당신의 성과를 축하한 적이 언제인가요? 스스로를 칭찬하는 대신, "아무것도 아
니야." 아니면 "운이 좋았어." "너무 흥분하지 마."와 같은 말을 했나요? 스스로 해낸 일들에
대해 스스로 감사하는 것은 작은 일이 아닙니다. 이것은 사실 놀라운 결과를 지속적으로 만들
어내기 위한 비밀 공식입니다. 무언가에 실패했을 때, 스스로를 위해 진심으로 그 자리에 있
어준 적이 마지막으로 언제인가요? 스스로를 응원하는 대신 "역시", "한심해", "아무도 더 이
상 당신을 원하지 않을 거야"와 같은 말을 하지는 않았나요? 스스로에게 자비를 베푸는 것은
멋진 삶을 살기 위한 가장 훌륭한 전략 중 하나입니다. 당신이 더 나은 삶을 원한다면, 당신 자
신과 사랑하는 관계를 구축하기로 약속하세요. 삶에서 이기고 지는 모든 순간들에, 스스로를
사랑할 것을 추천드려요.

give yourself credit 스스로 인정해주다   formula 공식   pathetic 한심한
commit to 굳게 결심하다

It's not about willpower.

You know very well that it's your time to change.
But your willpower alone is not going to do the trick.
Willpower is working against your urges, fighting back the voice
in your head. It's a very difficult fight to win because a lot of times
you don't even want to win, and you just give in to the instant
pleasures. But if you are the kind of person who can take control
of your life, you are no longer fighting against your urges. Even if
it takes effort, it will be much more natural for you. I want to invite
you to start deliberately believing that you are already that kind of
person. Think and act like that person. Even if you sometimes
give in to urges, keep believing in yourself.

DAY
52

• • •

의지에 달려 있는 것이 아닙니다.

지금이 당신이 변화해야 할 때입니다. 하지만 당신의 의지력만으로는 성공하지 못할 것입니다. 내면의 소리와 싸우며 의지력은 당신의 욕구에 저항해야 합니다. 이것은 이기기 매우 어려운 싸움입니다. 왜냐하면 많은 경우 당신은 순간적인 쾌락에 굴복하고, 이기고 싶지도 않기 때문입니다. 하지만 만약 당신이 자신의 삶을 주도하는 사람이 된다면, 당신은 더 이상 욕구에 맞서 싸우는 것이 아닙니다. 노력이 들어간다고 하더라도 당신에겐 훨씬 더 자연스럽게 느껴질 것입니다. 당신이 이미 그런 사람이라고 의도적으로 믿기를 바랍니다. 그 사람처럼 생각하고 행동하세요. 가끔은 충동에 못 이길지라도 계속 자신을 믿으세요.

It's not about willpower.

willpower 의지력   do the trick 성공하다   instant 즉각적인, 순간
take control 주도권을 잡다

Perfection is boring.

Perfection is boring because it kills creativity. Perfection is boring because it holds you back from learning the secrets of making something happen. It covers your one-in-a-million unique awesomeness. Perfection tells you the same old story of "not good enough" over and over again. There's no twist, no dynamic in that story. It's like reading the world's most irrelevant piece of writing. Perfection is boring because it's procrastination in disguise. It gets you stuck in the fear of judgement, failure, or looking stupid. Follow perfection and you'll be guaranteed to destroy your dreams. So then, what's the cure for this dull perfectionism? Action. Stepping into uncertainty, stepping into fear, stepping into discomfort. Are you ready to take the first step?

DAY
53

• • •

완벽은 지루합니다.

완벽은 지루해요. 왜냐하면 창의성을 죽여 버리기 때문이죠. 완벽은 지루해요. 왜냐하면 무언가를 성취하는 데 필요한 비밀을 배우는 데 방해가 되기 때문이죠. 완벽은 백만 분의 일이라는 당신의 독특한 멋을 가려요. 완벽은 당신에게 "충분히 좋지 않다"라는 똑같은 이야기를 반복하기 때문이에요. 그 이야기에는 반전도 역동도 없어요. 세상과 가장 동떨어진 글을 읽는 것과 같아요. 완벽은 지루해요. 왜냐하면 '미룬다는 것'의 변장한 모습이기 때문이죠. 판단, 실패, 멍청해 보이는 것에 대한 두려움에 사로잡히게 됩니다. 완벽을 추구하면 당신의 꿈은 반드시 파괴될 거예요. 그렇다면, 이 따분한 완벽주의에 대한 치료법은 무엇일까요? 실행이요. 불확실성, 두려움, 불편함 속에 발을 들여놓는 거예요. 첫걸음을 내디딜 준비가 되셨나요?

Perfection is boring.

perfection 완벽 procrastination 일을 미루는 것 in disguise 가장한, 변장한 dull 지루한
discomfort 불편

Celebrate your wins.

If you want to constantly produce awesome results, here's what to do. Celebrate your wins. Doesn't matter how big or small - acknowledge your achievements. How? First, dance to your favorite song like nobody's watching. You can jump, you can groove, whatever you enjoy. Move your body to the rhythm. You'll have so much fun. Second, give yourself credit for making something happen. Don't underrate your effort. Say something like, "I'm doing great!" Pat yourself on the back. Third, ask yourself what helped you the most in achieving your goal and write that down. What thoughts did you have when you wanted to give up? What actions did you take? You'll be able to use these tactics next time. This is how you recreate fabulous wins.

DAY
54

● ● ●

성취를 축하해 주세요.

지속적으로 좋은 결과를 얻고 싶으신가요? 어떻게 할지 알려 드릴게요. 당신의 성취를 축하하세요. 성취가 크든 작든, 당신의 승리를 인정하세요. 어떻게요? 첫째, 아무도 보지 않는 것처럼 좋아하는 음악에 맞춰 춤을 춰요. 점프도 할 수 있고, 그루브도 탈 수 있고, 뭐든 여러분이 즐거운 방식으로요. 리듬에 맞춰 몸을 움직이세요. 정말 재미있을 거예요. 둘째, 그걸 해낸 스스로를 인정해 주세요. 당신의 노력을 평가절하하지 마세요. "정말 잘하고 있어!"와 같은 말을 하세요. 스스로를 칭찬해 주세요. 셋째, 스스로 무엇이 이번 성취에 가장 도움이 되었는지 물어보고, 그걸 한번 적어 보세요. 포기하고 싶던 순간에 어떤 생각을 했었나요? 어떤 행동을 취했나요? 그 전략을 다음에도 사용할 수 있을 거예요. 이렇게 다시 멋진 승리를 다음에도 만드는 거예요.

Celebrate your wins.

underrate 과소평가하다   pat yourself on the back 스스로를 칭찬하라   tactic 전략, 전술

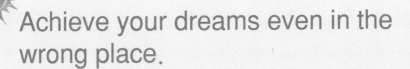

Achieve your dreams even in the wrong place.

Life doesn't always happen the way we want. Sometimes you might even feel like you're moving away from your goals and dreams. You might strongly feel this way, especially when you believe you are in the "wrong place" where you can't fulfill your potential.

How can you still achieve your dreams when you think you are in the wrong place? Wherever you are, become a person of impact. Becoming a leader is undeniably more important than just getting things done. If you show up and give values no matter where you are, you are a leader the world needs. Every great mentor had times in their lives where they couldn't make sense of what was happening. So instead of focusing on why you are where you are, focus on becoming the next version of yourself. Eventually, you'll be in the "right place."

DAY

55

● ● ●

어디에서든 꿈을 이루세요.

인생은 항상 우리가 원하는 방식으로 일어나지 않습니다. 때때로 여러분은 목표와 꿈에서 멀어지는 것처럼 느껴질 거예요. 내 잠재력을 펼칠 수 없는 그런 "잘못된 장소"에 내가 있다고 믿는다면 그런 생각들이 강해질 거예요. 당신이 잘못된 장소에 있다고 생각하는데 어떻게 여전히 꿈을 이룰 수 있을까요? 당신이 어디에 있든 영향력 있는 사람이 되세요. 리더가 되는 것이 단순히 일을 완수하는 것보다 중요하다는 것을 부정할 수는 없습니다. 만약 당신이 어디에 있든 상관없이 나타나서 가치를 제공한다면, 당신은 세상이 원하는 리더입니다. 모든 위대한 멘토들은 인생에서 말도 안 되는 곳에서 시간들을 보냈습니다. 그러니 왜 당신이 그곳에 있는가에 초점을 맞추지 말고, 당신의 다음 버전이 되는 것에 집중하세요. 결국 원하는 "올바른 장소"에 도달하게 됩니다.

Achieve your dreams even in the wrong place.

fulfill 실현시키다   potential 잠재력   undeniably 부인할 수 없게   make sense of ~을 이해하다

Do it every day.

If you want to get good at something, do it every single day. Once you pass a certain point, it'll be an effortless habit in your life. So, if you want to gain muscle, go to the gym and lift those weights every day. If you want to be a coach, coach yourself every single day. If you want to be good at delaying gratification, practice sticking to your plan when an urge to get sidetracked comes up. If you want to do something important, create something that matters every day, even if you only spend 15 minutes on it. If you want to be emotionally stable, choose good thoughts every day. Practice is what you need. There's no other way. There's no shortcut.

DAY

56

● ● ●

매일 실천하세요.

무언가를 잘하고 싶다면 매일 하세요. 어떤 시점을 지나면 특별한 노력 없이도 자연스럽게 할 수 있는 습관이 될 것입니다. 그러니, 만약 여러분이 근육을 키우고 싶다면, 체육관에 가서 매일 그 역기를 들어 올리세요. 코치가 되고 싶다면 매일 자신을 코칭하세요. 만약 여러분이 유혹을 참는 것을 잘하고 싶다면, 집중력이 흐트러지는 충동이 생길 때 나의 계획을 지키는 연습을 하세요. 중요한 일을 하고 싶다면, 15분을 투자하더라도 매일 중요한 결과물들을 만들어 내세요. 감정적으로 안정되고 싶다면, 매일 좋은 생각을 선택하세요. 당신에게 필요한 건 연습이에요. 다른 방법은 없습니다. 지름길도 없어요.

effortless 수월한   muscle 근육, 힘   gratification 만족   stick to ~을 고수하다   urge 충동
get sidetracked 딴 길로 새다   stable 안정된

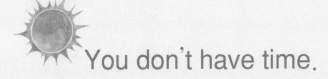

You don't have time.

Saving your time begins during the day before evening. Choosing to put away your phone, letting go of your worries, and sleeping one hour earlier will all lead you to a better setting for you to use your time more wisely. The magic thought that will give you the push you need is "I don't have any more time." For example, tell your brain it's already 12:00 am when it's 11pm. You don't need to beat yourself up, you can just finish up and get ready to sleep. Same thing goes with your morning. When you begin your day, first, do the things that are important to you. That means using your time to actually create something, instead of replying to emails, texts, or missed calls. Spend your time according to your priorities while telling yourself "Now is the time to do this."

DAY

57

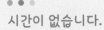

시간이 없습니다.

시간 절약은 전날 저녁부터 시작됩니다. 핸드폰을 치우고, 걱정을 내려놓고, 1시간 일찍 자는 것이 여러분이 시간을 현명하게 사용할 수 있는 좋은 환경으로 만들어 줍니다. 그리고 당신에게 필요한 힘을 줄 마법의 생각은, "난 더 이상 시간이 없어."입니다. 예를 들어 11시가 되면 뇌에 그냥 벌써 12시라고 말해 버리세요. 스스로를 자책할 필요 없이, 그냥 하던 걸 마무리하고 잘 준비를 하면 돼요. 아침에도 마찬가지예요. 하루를 시작할 때, 먼저 당신에게 중요한 것들을 하세요. 다시 말해 이메일, 문자, 부재중 전화에 답변하는 대신 실제로 무언가를 만드는 데 시간을 사용하는 것을 의미합니다. 우선순위에 따라 시간을 보내면서 스스로에게 다음과 같이 계속 얘기하세요. "지금이 이 일을 할 때야."

You don't have time.

save 절약하다   put away 치우다   according to ~에 따라   priority 우선순위

Throw away your to do list.

Your days should not just be about crossing items off your to-do list. Doing is always better than not doing, but I want to help you step up your game. Sometimes, a to-do list can throw off your ultimate goals. You don't need to do a hundred different things to get closer to your dreams. You want to focus on either one or a couple things per day. Those things should be about results rather than vague processes. For example, don't schedule "Work on my project." Schedule "Finish the opt in page." Don't schedule "Write my book." Schedule "Finish the first chapter of my book." Spend your time intentionally. Time is the most valuable resource, and with it, you can do many amazing things.

DAY
58

• • •

할 일 목록을 버리세요.

당신의 하루는 할 일 목록에서 항목을 지우는 데 그쳐서는 안 됩니다. 안 하는 것보다 하는 것이 항상 더 좋지만 당신의 하루를 더 발전시킬 수 있게 돕고 싶습니다. 때때로, 할 일 목록은 당신의 궁극적인 목표에 도달하는 데 도움이 되지 않기도 합니다. 꿈에 가까워지기 위해 수백 가지의 일을 할 필요는 없습니다. 하루에 한두 가지 일에 집중해 보세요. 그리고 그것들은 애매한 과정이 아니라 결과에 대한 것이어야 합니다. 예를 들어 "프로젝트 하기"대신에 "웹사이트 페이지 완료하기"를 계획해 보세요. "책 쓰기" 대신에 "첫 번째 장 끝내기"를 일정으로 짜 보세요. 시간을 의도적으로 보내세요. 시간은 가장 소중한 자원이고, 그것으로 당신은 많은 놀라운 일들을 할 수 있습니다.

Throw away your to do list.

throw away 버리다   to do list 해야 할 일 리스트   cross off 지우다   throw off 방해하다
ultimate 궁극적인, 최후의   vague 애매한

Don't wish for luck.

Nothing valuable in life falls into your hands by accident. People talk about being lucky and getting a big break, but luck never lasts to the point where it stays with you when you have zero capacity to hold on to it. Keeping it is up to you. If you are just waiting for something to happen, you will miss out on opportunities where you can grow and become self-reliant. This is why you shouldn't just wish for luck.

Imagine if you had to have heart surgery. Would you ever want a doctor who became a surgeon by luck? I don't think so. Cultivate patience and have fun witnessing yourself becoming someone that everyone wants to work with. You got this.

DAY

59

• • •

행운을 바라지 마세요.

인생의 귀중한 모든 것은 우연히 당신의 손에 떨어지지 않습니다. 사람들은 행운과 결정적인 기회에 대해 이야기하지만, 그것을 쥘 수 있는 능력이 전혀 없는 사람에게는 그 행운이 지속되지 않습니다. 그것을 유지하는 것은 당신에게 달려 있습니다. 만약 무엇인가 일어나기만을 기다린다면, 당신은 스스로를 신뢰할 수 있는 기회와 성장할 수 있는 기회를 놓치게 될 것입니다. 바로 이 이유 때문에 행운을 바라지 말아야 하는 것입니다. 당신이 심장 수술을 받아야만 한다고 상상해 보세요. 운 좋게 의사가 된 전문의를 원할까요? 아닐 것입니다. 인내심을 기르고, 모두가 함께 일하고 싶어 하는 사람이 되는 자신을 목격하면서 즐거운 시간을 보내세요. 할 수 있습니다.

Don't wish for luck.

by accident 우연히 big break 결정적인 기회 capacity 용량 miss out on ~을 놓치다
surgeon 외과 전문의 by luck 운 좋게 witness 목격하다

Try on a different perspective.

Have you ever had one of those days where you felt like you've tried everything, but there's not a single sign that it's working? There were days when I literally followed every rule and strategy, but all I got were crickets. What made it worse were the stories I had in my brain. "It's not working and I'll never get there." Holding on to that thought led me to take less and less actions, and gradually, I stopped taking any actions at all. But trying on different perspectives helped me show up again. That thought was, "What if there are still many things I can learn and try? What if I am on the verge of a breakthrough? Maybe I haven't tried everything. Maybe I am very close to making it happen. Whatever it is, I have the power to figure it out."

DAY

60

● ● ●

다른 관점을 시도하세요.

모든 걸 시도해 봤지만 아무것도 효과가 없다고 느껴지는 날들을 경험해 본 적이 있나요? 저는 모든 규칙과 전략들을 그대로 따랐다고 생각했는데, 제가 얻은 건 침묵뿐이었던 날들입니다. 더 상황을 악화시킨 건 제 머릿속의 이야기들이었어요. "되는 게 없어, 절대 목표를 이루지 못할 거야"라고 말했어요. 그 생각을 붙들다 보니, 행동이 점점 줄어들었고, 차츰 어떠한 행동도 하지 않게 되었어요. 하지만 다른 관점으로 바라보니, 행동을 재개할 수 있었어요. 그 관점은, "아직도 배우고 시도할 수 있는 것이 너무 많다면 어떨까? 만약 내가 돌파구를 찾기 바로 직전이라면? 아마도 모든 걸 시도해 보지 않았을 수 있습니다. 아마도 목표를 실현하는 미래가 매우 가까이 다가와 있을 수 있습니다. 그게 무엇이든 간에, 해결해낼 수 있는 힘이 있습니다."

Try on a different perspective.

literally 그대로   crickets 침묵, 조용함   on the verge of ~의 직전에   breakthrough 돌파구

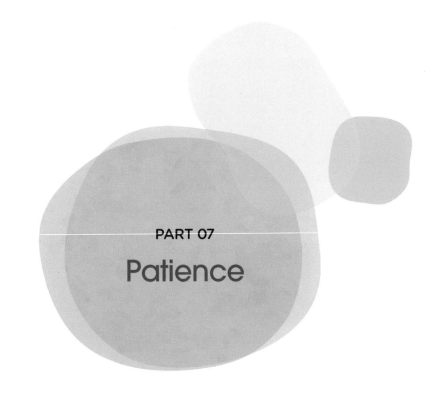

PART 07

Patience

●
●
●
●
●

"If you have a goal,
aim to fail more than 1,000 times."

- From Day 62 -

"이루고 싶은 것이 있다면
1,000번 이상 실패하는 것을 목표로 하세요."

Cultivate patience.

Cultivating patience can save you from procrastinating or quitting.
If you expect that you will get quick results sooner than it happens,
that will always cause anxiety. So give it enough time. Everything
valuable takes longer than you think. On top of that, make sure to
have fun. Don't sacrifice relationships you cherish or your physical
and mental health. Having to build something does not guarantee
you with anything other than just that. For example, if your goal is
to make a hundred thousand dollars, you will get exactly that. Not
a sense of security, not feeling powerful about yourself. But if you
don't rush anything and you be proactive at the same time, you
will learn how to make the best life and build what you want.

DAY
61

• • •

인내심을 기르세요.

인내심을 기르는 것은 당신이 미루거나 포기하는 것으로부터 구해 줍니다. 만약 여러분이 결
과가 나오는 데까지 실제로 걸리는 시간보다 더 빨리 그 결과를 얻을 것이라고 기대한다면,
항상 불안감에 시달릴 것입니다. 그러니 충분한 시간을 주세요. 가치 있는 모든 것은 당신이
생각하는 것보다 훨씬 더 오래 걸립니다. 그 외에도, 즐거운 과정을 보내세요. 당신이 소중히
여기는 관계, 또는 당신의 육체적, 정신적 건강을 희생하지 마세요. 무언가를 만들어 내는 것
은(목표를 이루는 것은) 그것 외에 아무것도 보장하지 않습니다. 예를 들어, 만약 당신의 목
표가 10만 달러 만들기라면, 당신이 얻게 될 것은 안정감 혹은 자신감이 아닌, 정확히 10만 달
러라는 돈만 얻게 될 것입니다. 그러나 당신이 서두르지 않고 동시에 적극적으로 삶을 살아간
다면, 최상의 삶을 만드는 법과 동시에 당신이 원하는 것을 만들어가는 법을 배우게 될 것입
니다.

cultivate patience.

cultivate 기르다   procrastinate (할 일을) 미루다   on top of that 게다가
cherish 소중히 여기다

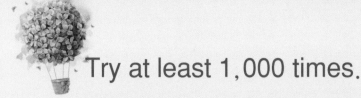

Try at least 1,000 times.

Don't talk to me about how you don't know what your real passion is unless you've actually taken action to figure it out at least 1,000 times. Don't tell me self-love isn't working if you haven't tried at least 1,000 times. Don't tell me it's difficult unless you've tried it at least 1,000 times. Don't tell me you will never succeed at your dreams unless you've tried at least 1,000 times. You will never know until you've actually stepped in and experienced it. There's no true learning if there's no doing. Ideas mean nothing if there is no execution. If you have a goal, aim to fail more than 1,000 times. Start training yourself to be okay with failing. Clarity comes from action.

DAY

● ● ●

최소 1,000번 해 보세요.

적어도 1,000번은 실제로 행동을 취해서 알아내지 않는 한 당신의 진정한 열정이 무엇인지를 알 수 없다고 말하지 마세요. 1,000번도 안 해 봤으면 스스로를 사랑하는 것이 효과가 없다고 말하지 마세요. 1,000번 이상 시도하지 않았다면, 어렵다고 말하지 마세요. 1,000번 이상 노력하지 않았다면, 당신의 꿈이 성공할 수 없다고 말하지 마세요. 실제로 현장에 들어가서 경험하기 전까지 당신은 절대 제대로 알 수 없을 것입니다. 하지 않으면 진정한 배움은 없습니다. 실행이 없다면 아이디어는 아무 의미가 없습니다. 이루고 싶은 것이 있다면 1,000번 이상 실패하는 것을 목표로 하세요. 실패해도 괜찮도록 훈련하세요. 명확함은 행동으로부터 옵니다.

work 효과가 있다   execution 실행   clarity 명확함

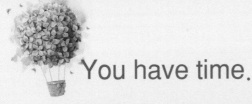

You have time.

You have so much time. People underestimate what they can do within a decade. You can do extraordinary things. With that being said, no one's too busy to do the things that matter to them. If they say they are, most of the time they are just bad at time management. Here's the thing: if you use up all of your time on urgent or unimportant things, there won't be many things left for you to enjoy in the future. So think about it this way. If you could give any gifts to your future self using time, what gifts would you give? Start giving awesome presents to yourself now and in the future.

DAY

63

당신은 시간이 있습니다.

당신에겐 정말 많은 시간이 있습니다. 사람들은 10년 안에 할 수 있는 일을 과소평가합니다. 당신은 정말 대단한 일을 할 수 있어요. 다시 말해, 자신에게 중요한 일을 못할 만큼 바쁜 사람은 없습니다. 만약 그들이 그렇다고 한다면, 그냥 대부분 그 사람들이 시간 관리를 못하는 경우입니다. 잘 보세요. 만약 당신이 급하거나 덜 중요한 일을 하는 데 당신의 모든 시간을 써버리면, 미래에 당신이 즐길 수 있는 것들이 많이 없을 거예요. 그러니 이렇게 생각해 보세요. 만약 당신이 시간을 이용해서 미래의 자신에게 어떤 선물을 줄 수 있다면, 당신은 어떤 선물을 하고 싶나요? 지금부터 미래의 자신에게 멋진 선물을 하기 시작하세요.

underestimate 과소평가하다   decade 10년   extraordinary 대단한
urgent 긴급한

Don't chase.

Sometimes it feels like forever to get to where we want to go.
You might be thinking, "Am I ever going to get there?" or "Is this
a pipe dream?" Then we tend to overwork, spread ourselves too
thin, or even worse, we burn out and beat ourselves up for not
creating results soon enough. It's amazing that you work hard
and are ambitious, but don't fall into the trap of thinking "How long
do I have to wait?" Intellectually, you know that you'll eventually
succeed. Now is the time to practice truly believing it with your
heart. Believe that everything you need will come at the perfect
time. Don't chase. Just simply live your life, do your thing, grow
into the best version of yourself, and let it come to you at the right
time.

DAY

● ● ●

쫓지 마세요.

가끔 우리는 우리가 가고 싶은 곳에 도달하는 데 시간이 너무 오래 걸리는 것 같이 느껴집니
다. "내가 도착이나 할 수 있을까?" 또는 "허황된 꿈을 쫓는 건가?"라는 생각을 하기도 합니
다. 그러면 우리는 과로하거나, 너무 무리를 하거나, 더 나쁜 경우 우리는 번아웃을 경험하게
되고, 결과를 빨리 내지 못한다고 스스로를 자책하기도 합니다. 열심히 하고 야망이 있다는
것은 정말 멋진 일입니다. 하지만 "얼마나 기다려야 되는 거야?"라는 함정에 빠지지 마세요.
결국 성공한다는 걸 머리로는 알고 있다면 지금은 마음으로 열심히 믿는 연습을 해야 할 때입
니다. 당신이 필요한 모든 것이 완벽한 시간에 당신에게 올 것이라고 믿으세요. 쫓지 마세요.
그저 당신의 삶을 살고, 자신의 일을 하고, 가장 최상의 모습으로 성장해서, 가장 적절한 시기
에 필요한 것들이 당신에게 오도록 하세요.

Don't chase.

🦋 chase (돈, 성공 등을) 좇다, 추구하다   pipe dream 몽상
tend to ~하는 경향이 있다   fall into a trap 함정에 빠지다

Be friends with unpopular feelings.

Be friends with unpopular feelings. They'll give you the most precious gifts. Most abandon their negative feelings. They hide them, pretend they are not there, or cover it with food or games. They want nothing to do with them. If you choose not to run away from feelings like shame, guilt, regret, sadness, or anger, but instead be present with them, and even listen and talk to them like friends do, you'll receive the wonderful gifts that they offer. You'll receive a non-judgmental heart, never-ending tenacity, and the ability to handle any kinds of emotions. You'll receive the gift of healing; not only for yourself but for those you love.

Remember this the next time you experience negative feelings.

DAY
65

인기 없는 감정들과 친구가 되세요.

인기 없는 감정들과 친구가 되세요. 그것들은 당신에게 가장 소중한 선물을 줄 것입니다. 대부분의 사람들은 부정적인 감정을 버립니다. 감정을 숨기고, 없는 척하고, 음식이나 게임으로 덮습니다. 그리고 전혀 엮이고 싶어 하지도 않습니다. 부끄러움, 죄책감, 후회, 슬픔, 분노와 같은 감정에서 도망치지 않고 곁에 있어 주고 심지어 친구처럼 경청하고 대화한다면, 여러분은 그 감정들이 제공하는 멋진 선물을 받게 될 것입니다. 판단하지 않는 넓은 마음, 포기하지 않는 끈기, 어떤 감정이든 감당할 수 있는 힘을 얻게 될 것입니다. 나 자신뿐만 아니라, 내가 사랑하는 사람들을 치유할 수 있는 선물을 얻게 될 것입니다. 다음번에 부정적인 감정을 경험하게 될 때 기억하세요.

abandon 버리다   pretend ~인 척하다   tenacity 끈기
not only A but B A뿐만 아니라 B도

Imagine a future moment.

Sometimes you feel like nothing's working, and you don't think you can succeed even if you try. But the truth is - as obvious as it may sound - even if you tried 99 times but gave up right before it was successful, you can't achieve anything. So you must push through, even when it feels like it won't make any difference. How do you do that? By believing. Imagine a future moment where you've already made it happen. Bring that future perspective to your present situation. It'll make a huge difference, because now you know that failures are irrelevant. You know for sure that you are going to succeed. You just have to figure out ways to make it work as you move forward.

DAY

66

• • •

미래를 상상하세요.

때대로 당신은 되는 것이 없고 노력해도 성공하지 못할 것처럼 느낍니다. 하지만 진실은(비록 당연한 소리처럼 들릴지라도), 여러분이 99번을 도전을 한다 해도 만일 목표에 도달하기 직전에 포기한다면, 결국 여러분은 아무것도 이룰 수가 없게 된다는 것입니다. 그래서 별로 달라질 게 없을 것처럼 느껴지는 순간에도 끝까지 밀고 나가야 합니다. 어떻게 그렇게 할 수 있죠? 굳게 믿으면 돼요. 당신이 이미 원하는 걸 성취하게 된 미래의 순간을 상상해 보세요. 당신의 현재 상황들에 모든 것이 이루어진 미래의 당신의 관점을 가져와 보세요. 이제 실패가 나와 상관이 없다는 것을 알게 되었으니, 현재 상황들을 바라보는 것이 큰 차이를 보일 거예요. 미래의 관점으로 당신은 당신이 성공할 것이라는 것을 확실히 알고 있습니다. 앞으로 전진해 나갈 때 어떤 방법들을 사용하면 되는지만 알아내면 됩니다.

Imagine a future moment.

obvious 분명한, 확실한   perspective 관점   irrelevant 상관없는
forward 앞으로

It's okay to have bad days.

When you are in doubt or when you are lonely, scared, or sad, you might think "What's wrong with my life?" Life is supposed to have a bitter flavor called "difficulties" – with, of course, the sweet flavor called "happiness." Together they create the harmonious flavor of life. With bitterness, you learn patience, empathy, responsibility, love, self-reliance, and you learn how to be a beautifully imperfect human.

This is why life is hard. You don't need to fix or get rid of all the "ugly" experiences. It's all part of being a human living on earth. But you can always be with yourself in dark places. I know for sure that I am my ride or die soulmate before anyone else. Me and myself walk all rocky roads of life together, so nothing can mess with us. May you be the most loyal friend to yourself in all flavors of life.

DAY
67

● ● ●

별로인 날들이 있어도 괜찮습니다.

스스로 의심이 들거나, 외롭거나, 무섭거나, 혹은 슬플 때면 우리는 생각합니다. "내 인생은 도대체 왜 이런 거야?" 인생이라는 요리에는 원래 "어려움"이라는 쓴맛이 들어 있어요. (물론 "행복"이라는 단맛도 들어 있고요.) 그리고 이러한 맛들이 조화를 이루며 인생을 풍요롭게 만들어 줍니다. 쓴맛을 보며 우리는 인내심, 공감 능력, 책임감, 사랑, 자립심을 배우고, 인간이 어떻게 아름답게 불완전한 존재가 되는지 배우기도 합니다. 이것이 인생이 어려운 이유입니다. 당신은 "불쾌한" 경험들을 고치거나 없애려고 할 필요 없어요. 인간이 지구에서 살려면 겪는 일상일 뿐이에요. 하지만 이 모든 힘들고 어두운 날들에 당신은 항상 스스로의 옆에 있어 줄 수 있어요. 저는 제가 그 누구보다도 제 스스로의 헌신적인 소울 메이트인 걸 잘 알고 있어요. 저와 제 자신은 인생의 모든 험난한 길을 함께 걸어가요. 그러니 그 무엇도 우리를 망칠 수 없어요. 인생의 모든 맛들을 경험함에 있어서, 스스로에게 가장 의리 있는 친구가 되어주세요.

bitterness 쓴맛, 씀 empathy 공감   ride or die 헌신적인   rocky 험난한
mess 엉망으로 만들다

It's difficult.

Saying "It's difficult" is irrelevant to your growth. It doesn't mean anything. Yes, change is difficult, just like consistency and patience are difficult. But if you find yourself constantly saying, "It's not easy to change," "It's difficult to be consistent," pay close attention to what you mean by that and what you really want to do about it. When you say it's not easy, are you feeling entitled? Do you think that it should be easier for you? If so, gently drop your expectations, wishing it'd be less difficult. There's no shortcut to creating awesome results. If the result is worth it, you can say something like, "I expect it to be hard, but I'll do it anyway." Overcoming difficulty is part of the game. You can enjoy doing hard things.

DAY
68

• • •

어렵습니다!

"어렵습니다."라고 말하는 것은 당신의 성장과 무관합니다. 그 말은 아무 의미도 없어요. 네, 일관성과 인내가 어려운 것처럼 변화는 어렵습니다. 하지만 계속 "변하기는 쉽지 않다," "지속하기 어렵다"라고 말하는 스스로를 발견하게 된다면, 그런 말을 하는 의도와 실제로 내가 그 말을 함으로써 뭘 하고 싶은 것인지 깊게 생각해 보세요. 그게 쉽지 않다고 말할 때, 당신은 어떤 특권을 누릴 자격이 있다고 생각하시나요? 당신은 그 일이 당신에게 당연히 더 쉬웠어야 한다고 생각하는 건가요? 만일 그렇다면, 덜 힘들었으면 좋겠다는 당신의 기대를 조심스레 내려놓아 보세요. 세상에 멋진 결과물을 만들어 내는 것에 있어 지름길 따위는 없습니다. 만일, 당신이 만들려는 결과가 가치가 있다고 생각되면, "이건 당연히 어려울 거야. 그래도 어쨌건 할 거야."와 같은 말을 할 수 있겠죠. 어려움을 극복하는 것은 게임의 일부일 뿐입니다. 당신은 어려운 일들을 즐겁게 할 수 있어요.

It's difficult.

consistency 지속력   patience 인내심
pay close attention 주의를 깊게 기울이다   entitled 자격 의식이 있는

Try thoughts that winners have.

If you want to bring out the best performance in yourself, one strategy you can try is to look at the thoughts that winners have and try them for yourself. Winners have the commitment to go all in, and they don't give excuses. They are willing to let go of the wrong (not bad) people and focus on the right people. They ask for challenges instead of shortcuts because they know how important it is to "become" the person, rather than just getting the result. They are in love with the process. Not only do the end goals make them smile, but they also actually enjoy the journey a lot more. They doubt the doubts intentionally and choose the thoughts that help them in the moment. They always think about giving values to people.

DAY
69

● ● ●

승자들의 생각을 시도하세요.

만약 여러분이 최상의 역량을 내고 싶다면, 여러분이 시도할 수 있는 전략 중 하나는 이미 그런 삶을 살고 있는 이들은 어떤 생각을 하는지 보고, 그 생각을 스스로 시도해 보는 것입니다. 승자들은 전력을 다하겠다는 의지가 있고, 변명도 하지 않습니다. 그들은 기꺼이 잘못된 사람들(나쁜 사람이 아닌)을 놓아 주고, 올바른 사람들에게 집중합니다. 그들은 단지 결과를 얻는 것이 아니라 그들이 목표하는 사람이 되는 것이 얼마나 중요한지 알기 때문에 지름길 대신 도전을 요구합니다. 그들은 그 과정을 사랑합니다. 최종 목표만이 그들을 미소 짓게 하는 것이 아니라, 그들은 실제로 목표로 가는 길을 훨씬 더 즐깁니다. 그들은 의도적으로 의심을 의심하고 그 순간 자신에게 도움이 될 생각을 선택합니다. 그들은 항상 사람들에게 가치를 부여하는 것에 대해 생각합니다.

bring out 발휘하다   strategy 계획, 전략   journey 여행   doubt 의심하다

PART 08

Freedom

"You are more than what happened in your life.
You are an incomparable, indispensable,
beautifully imperfect human."

- From day 75 -

"당신은 당신의 인생에서 일어난 일보다 훨씬 큰 존재입니다.
당신은 비길 데 없고 없어서는 안 될,
아름다운 불완전한 인간입니다 ."

Your life is perfect the way it is.

If you are contemplating about a chance you missed last year and are thinking that there's something wrong with where you are right now, try this perspective. "Your life is perfect the way it is right now." Yes, that's right. What if nothing has gone wrong? And what if nothing has to happen for you to create everything you want? What if you can have love, appreciation, joy, and can become the person you want to be right now, right here? All of the feelings you want to experience come from inside, and it's in your hands to be the kind of person you want to be. But when you dwell on the past, what happens is you don't end up producing results. So choose to accept and value wherever you are. Take massive actions to make it even better.

DAY
70

당신의 삶은 있는 그대로 완벽합니다.

작년에 할 수도 있었는데 놓쳤던 기회들을 깊이 생각한다면, 지금 현재 내 상태에 대해 문제가 있다고 여겨진다면, 이 관점으로 한번 생각해 보세요. "당신의 삶은 지금 이대로 완벽합니다." 네, 맞아요. 만약 과거의 어떤 것도 잘못된 게 아니라면요? 당신이 원하는 걸 만들기 위해 어떤 것도 일어나야 하는 일은 없다면요? 당신이 사랑, 감사, 기쁨 등을 지금 당장 가질 수 있고, 당신이 원하는 누구든지 지금 당장 될 수 있다면요? 당신이 느끼고 경험하고 싶은 모든 감정들은 내면에서 비롯되고, 당신이 어떤 사람으로 살고 싶은지는 당신의 손에 달려있어요. 하지만 당신이 과거에 집착하다 보면, 결국 당신은 어떠한 결과들도 만들고 성취할 수가 없게 됩니다. 그러니 지금 당신이 어디에 있든 받아들이고 그걸 소중히 생각해 보세요. 그리고 그걸 더욱 멋지게 만들 수 있는 정말 다양한 액션을 취해 보세요.

Your life is perfect the way it is.

contemplate 깊게 생각하다   dwell on ~을 숙고하다   end up -ing 결국 ~하게 되다

Do a reality check.

When you find yourself in a negative pool of emotions and can't find a way out, do a reality check. Lay out the facts and the negative story in your head. Take a step back and see what's real, and what's your assumption. "People will think I'm stupid," "Nothing's working out," "I'll eventually fail." If you have thoughts like these, I'll just tell you: they simply are not true. You probably may have had a negative experience in the past, and every time something reminds you of that past moment, you might freeze or want to run away. Tell yourself why this time is different from the last time. The past doesn't equal the present. You are stronger and wiser.

DAY

71

• • •

현실을 체크하세요.

여러분이 부정적인 감정 속에 빠져 있고, 빠져나갈 길을 찾을 수 없을 때, 현실 체크를 해 보세요. 무엇이 사실이고 무엇이 내 머릿속에서 만들어낸 부정적인 이야기인지 보세요. 한 발자국 뒤로 물러나 어떤 것이 사실인지, 어떤 것이 가정인지 살펴보세요. "사람들은 내가 멍청하다고 생각할거야." "아무것도 풀리는 게 없어." "결국 실패할거야." 등의 생각을 갖고 있다면, 이것들은 스스로 만들어낸 가정이지, 사실이 아니라고 말씀 드리고 싶습니다. 아마 여러분은 과거에 부정적인 경험을 했을지도 모릅니다. 그리고 어떤 무언가가 여러분에게 그 과거의 순간을 떠올리게 할 때마다, 얼어붙거나 도망가고 싶어질지도 모릅니다. 그럴 때, 스스로에게 지금 현재는 그때의 과거와 어떻게 다른지 말해 주세요. 과거와 현재는 다릅니다. 지금의 당신은 더 강하고 현명합니다.

Do a reality check.

Re-decide everything in your life.

A lot of us think we are living in the effects of our past decisions, but that's not completely true. What we don't realize is we repeatedly make the same decisions over and over to sustain the life we currently experience. We just don't recognize it because we tend to think the choice is already made in the past, so there's nothing much we can do about it. If this is your case, know this: you have the power to decide everything in your life. The truth is, there's nothing you have to do in life. You always have options, even if it feels like there are none. Be honest about what you really want and desire. You might end up making the same choices, but you will gain much more power.

DAY
72

● ● ●
삶의 모든 것을 다시 결정하세요.

많은 사람들이 우리가 과거에 한 결정의 영향 속에서 살고 있다고 생각하지만, 완전히 맞는 말은 아닙니다. 우리가 깨닫지 못하는 것은, 우리는 현재 살고 있는 삶을 유지하기 위해 계속해서 과거와 같은 결정을 반복한다는 것입니다. 우리는 그것을 인지하지 못할 뿐이에요. 우리는 이미 과거에 선택을 했다고 생각하기 때문에 현재에서는 별로 할 수 있는 일이 없다고 생각하는 경향이 있습니다. 당신도 그렇게 생각한다면 이걸 알아야 해요. 당신은 인생의 모든 것을 다시 결정할 힘이 있어요. 사실 살면서 해야만 하는 일 같은 것은 아무것도 없어요. 내게 아무런 선택권이 없는 것처럼 보이는 모든 일들도 사실 선택할 수 있어요. 당신이 진정으로 원하고 갈망하는 것에 대해 솔직해지세요. 아마 과거와 똑같은 선택을 할 수도 있겠지만, 그래도 예전보다 훨씬 큰 힘을 느낄 수가 있을 거예요.

Re-decide everything in your life.

repeatedly 반복적으로   sustain 지속시키다   tend to ~하는 경향이 있다   desire 갈망하다

It's okay to be a hot mess.

I know how good it feels to have everything under control. If you have everything in its place, it makes you feel safe and sound. And when something unplanned happens, you start to freak out. Safety, validation, or whatever you are trying to get out of it, does not come from trying to control everything around you. The fact is, we cannot teach someone a lesson and change them unless that's what they genuinely want. People change when they want to, not when they are told to. Your organized schedule or the perfect color of your walls have nothing to do with you being happy and safe. It's okay to have a mess. It's okay to have things get out of hand. We can normalize when things are not always in the palm of our hands. We can give ourselves a feeling of safety. That would be beautiful.

DAY

73

● ● ●

엉망진창이어도 괜찮습니다.

모든 것이 내 통제 하에 있다는 것이 얼마나 기분 좋은 건지 잘 알아요. 만약 모든 것이 제 자리에 있으면, 그것은 안전하고 건전하게 느껴져요. 계획하지 않은 일이 일어나면 기겁을 하게 되죠. 안전함, 확실함, 혹은 무엇이든 여러분이 얻고자 하는 것들은 사실 모든 것을 통제함으로써 얻을 수 있는 것들이 아니에요. 사실은, 우리는 누군가가 진정으로 원하지 않는데 그들을 가르칠 수도 혹은 바꿀 수도 없습니다. 사람들은 그들이 원할 때 변하는 것이지 변하라는 말을 들었을 때 변하는 것이 아닙니다. 당신의 계획적인 일정이나 완벽한 벽의 색은 당신이 행복하고 안전한 것과 아무 상관이 없습니다. 엉망진창인 것도 괜찮습니다. 일이 감당할 수 있는 수준을 벗어나는 것도 괜찮아요. 그러니 하려는 일들이 내 통제에서 벗어난다고 해도 정상화할 수 있습니다. 스스로에게 안전한 감정을 줘 보세요. 정말 아름다울 거예요.

It's okay to be a hot mess.

🔘 hot mess 실수가 잦은 사람   under control 통제되는, 제어되는   freak out 어쩔 줄 몰라 하다
validation 확인, 비준   genuinely 진정으로   normalize 정상화하다

You have your own timing.

We are told countless times we need to figure things out in life by a certain age. When you are in your 20s, you should know what career you are going to pursue. When you are in your 30s, you should marry someone and have kids. So if you want to start a new career path in your 40s, you feel like you shouldn't be doing that. Throw all that away, because everybody's timeline is different. Your time should never be compared to anyone else's. To live according to this belief, have courage and faith. Say "no" to other people's timelines, and say "yes" to your one and only, incomparable, wonderful life.

DAY
74

• • •

당신의 타이밍이 있습니다.

우리는 인생에서 특정한 나이까지 무언가를 알아내야 한다고 수없이 들어왔습니다. 20대가 되면 어떤 직업을 추구할 것인지 알아야 합니다. 30대가 되면 누군가와 결혼해서 아이를 낳아야 해요. 그래서 40대에 새로운 진로를 개척하고 싶어도, 당신은 그러지 말아야 한다고 느껴져요. 사람들마다 타임라인은 다르니 모두 버려 버리세요. 당신의 시간들이 다른 사람들의 시간과 비교되어서는 안됩니다. 이걸 믿고 그렇게 살아가기 위해 용기와 신념을 가지세요. 다른 사람들의 타임라인에 대해 "아니"라고 말하고, 세상 단 하나뿐인 당신의 멋진 인생에 대해 "좋아!"라고 말해 보세요.

You have your own timing.

---

countless 무수한   pursue 추구하다   throw away 버리다   incomparable 비할 데가 없는

You are more than what happened in your life.

You are more than the child whose parents got an ugly divorce. You are more than the person who didn't get chosen for the position you always wanted. You are more than a person who survived heartbreak. You are more than someone's daughter, son, mother, wife, or student. You are more than someone who has a 9 to 6 job, a patient diagnosed with a panic disorder, or a person who used to get bullied. You are more than what happened in your life. Don't let anyone else tell you that you are less than who you are. You are an incomparable, indispensable, beautifully imperfect human. You are you. You are who you choose to be.

DAY

75

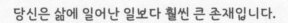

당신은 삶에 일어난 일보다 훨씬 큰 존재입니다.

당신은 단순히 부모가 좋지 않은 이혼을 한 아이가 아닙니다. 당신은 단순히 원하던 자리에 한 번도 뽑히지 않았던 사람이 아닙니다. 당신은 단순히 실연에서 살아남은 사람이 아닙니다. 당신은 단순히 누군가의 딸, 아들, 엄마, 아내, 학생이 아닙니다. 당신은 단순히 평범한 직업을 가진 사람, 공황장애 진단을 받은 환자, 왕따를 당했던 사람이 아닙니다. 당신은 당신의 인생에서 일어난 일보다 훨씬 큰 존재입니다. 다른 어떤 것도 당신이 작은 존재라고 이야기하게 허락하지 마세요. 당신은 비길 데 없고 없어서는 안 될, 아름다운 불완전한 인간입니다. 당신은 당신입니다. 당신은 당신이 선택한 사람입니다.

You are more than what happened in your life.

💧 divorce 이혼   heartbreak 비통   diagnose 진단하다   panic disorder 공황 장애
indispensable 없어서는 안 될

Be unshackled.

If you can't seem to let go of the past because of resentment and you want to know how to finally be free from it, try this question. Some things seem almost impossible to let go, and you may even find yourself repeatedly experiencing them after a decade. But holding onto past wounds might kill you inside. So ask yourself; why are you repeatedly choosing the same story over and over again? And by choosing that narrative, what is it robbing you of? When you tell yourself, "No, I'm right. He should've stayed," what is it costing you? You can hold on to whatever you want, and let that rob you of your peace, happiness, and ability to live the life you truly want. Or you can decide, "It's time to let go, because that's never worth the price of my well-being." It can be a slow process, but you'll be unshackled forever.

DAY
76

자유로워지세요.

원망 때문에 과거를 내려놓는 것이 쉽진 않지만, 이제는 자신을 위해 놓아주고 싶다면, 스스로에게 이 질문을 해보세요. 어떤 일은 잊어버리는 것이 불가능하게 느껴지기도 합니다. 심지어 10년이 지났어도, 반복적으로 현실 속에서 그 과거의 순간을 경험하기도 합니다. 하지만 과거의 상처를 계속 붙잡고 있으면 그것이 당신의 내면을 죽일 수도 있어요. 스스로 물어보세요. 이렇게 나를 괴롭히는 이야기를 왜 나는 반복적으로 선택하고 있나요? 그리고 그 이야기를 선택함으로써 그것은 당신에게서 무엇을 빼앗고 있나요? "아니야, 내 말이 맞아. 그 사람은 날 떠나지 말았어야 했어"라고 말을 함으로써, 어떤 값을 치르고 있나요? 당신은 어떤 이야기이든 믿을 수 있는 자유가 있습니다. 그리고 그것이 당신의 평화, 행복, 그리고 진정으로 원하는 삶을 빼앗아가도록 내버려 둘 수 있지요. 아니면, "이제는 과거를 놓아줘야 할 때야, 왜냐하면 그건 내 행복을 지불할 만큼의 가치가 없으니까."라고 결정할 수도 있습니다. 놓아주는 것은 시간이 걸릴 수 있습니다. 하지만 당신은 영원히 과거의 속박에서 자유로워질 수 있습니다.

Be unshackled.

be unshackled 해방된   resentment 분함   hold onto ~를 붙잡다   wound 상처   rob 강탈하다

Let go of "good intentions."

If you are disappointed in someone, think about why you feel
that way. In your head, the reason might make sense because
maybe you are right and he or she is wrong. But what if being
right or wrong doesn't matter? What if you can drop your desire
to correct his or her thoughts and behaviors? What would happen
between you two? Or what if you could let go of the "good
intentions" you have for him or her? They seem harmless and
maybe even helpful, but if it's constantly creating arguments and
disappointment, maybe it's time to try something else rather than
holding high expectations for him or her.

DAY
77

● ● ●

"좋은 의도"를 내려놓으세요.

만약 당신이 누군가에게 실망했다면, 왜 그렇게 느끼는지 생각해 보세요. 당신의 마음속에서
는 당신이 옳고 그 사람이 틀렸기 때문에 실망하는 게 당연하다고 생각할 수도 있습니다. 하
지만 만약 옳고 그른 것을 판단하는 것 자체가 중요하지 않다면 어떨까요? 만약 당신이 그 사
람의 생각이나 행동을 바로잡고자 하는 욕구를 내려놓을 수 있다면 어떨까요? 이렇게 생각한
다면, 당신과 그 사람 사이엔 어떤 변화가 일어나게 될까요? 아니면 심지어 그에 대한 "좋은
의도"까지도 내려놓을 수 있다면 어떨까요? 내가 가진 의도는 전혀 악의도 없고 심지어 도움
이 될 수도 있지만, 만약, 그 의도로 인해 끊임없는 논쟁과 실망이 반복된다면, 어쩌면, 기대를
품는 것 말고 다른 무언가를 시도해 볼 때일지도 모릅니다.

Let go of "good intentions."

make sense 타당하다, 말이 되다   behavior 행동   harmless 무해한

You deserve to be healed.

Forgiving someone is probably one of the toughest choices we'll make in our lives. From trivial unpleasant encounters to traumatic events, you'll deal with different intensity of emotions in the process of forgiveness. You might have thought, "I don't care if it kills me, I'll never forgive her." If you are in that state, just let yourself feel the resentment. But if you feel like now is the time to move on, I'll tell you why forgiveness is the best decision. You deserve nothing less than complete freedom from the shackles of past pain. You deserve to fully receive all the wonderful possibilities that are waiting for you. You deserve to be healed and loved.

DAY
78

● ● ●

당신은 치유받을 자격이 있습니다.

누군가를 용서하는 것은 아마 우리의 인생에서 가장 어려운 선택 중 하나일 것입니다. 사소한 불쾌함부터 외상적인 사건까지, 여러분은 용서의 과정에서 다른 강도의 감정들을 마주하게 될 것입니다. "내가 죽어도 상관없어, 그 여자를 절대 용서하지 않을 거야"라고 생각했을지도 모릅니다. 만약 당신이 그런 상태라면, 그저 분노를 충분히 느끼도록 허락하세요. 하지만 지금이 이제는 앞으로 나아가야 할 때라고 느낀다면, 용서가 왜 가장 좋은 결정인지 말씀드리겠습니다. 당신은 과거의 고통의 속쇄로부터 해방될 자격이 있습니다. 당신은 당신을 기다리고 있는 모든 멋진 가능성을 충분히 받을 자격이 있습니다. 당신은 치유되고, 사랑받을 자격이 있습니다.

You deserve to be healed.

🌑 heal 치유되다   forgive 용서하다   trivial 사소한, 하찮은   encounter 만남   intensity 강도
shackles 족쇄

Everything about you is perfect.

You love to set higher goals and you enjoy seeing progress and improvement in what you do. You are passionate, you are driven, you are wholehearted, and you are special. And what if I told you that there's actually nothing you have to do, and there's not a single thing you have to change about yourself? Everything about you is perfect. Your life is flawless. You are worthy by default, even if you think you're lazy, or you're an occasional hypocrite, or you're not smart enough. Who you are and what you do is different. You are not defined by just one chapter in your life. You are 100% lovable throughout your entire life. Go ahead and exceed your expectations, not because you are unlovable, but because you can.

DAY

79

당신의 모든 것은 완벽합니다.

당신은 더 높은 목표를 세우고, 당신이 하는 일의 진척과 발전을 보는 것을 즐깁니다. 당신은 열정적이고, 의욕적이고, 온 마음을 다하고, 특별합니다. 제가 만약 당신에게 아무것도 해야 할 일이 없으며, 당신에 대해 바꿀 일은 하나도 없다고 말씀드린다면 어떨까요? 당신의 모든 것이 완벽합니다. 당신의 삶은 흠이 없습니다. 당신은 원래 가치가 있습니다. 당신이 게으르다고 생각하거나, 가끔 위선자라고 생각하거나, 당신이 충분히 똑똑하지 않다고 생각할지라도 말이죠. 당신이 누구인가와 당신이 하는 일은 다릅니다. 당신은 인생의 한 장으로 정의되지 않습니다. 당신은 평생 동안 사랑스러운 존재입니다. 사랑스럽지 않은 존재이기 때문이 아니라, 단순히 할 수 있는 능력이 있기 때문에 당신의 기대를 초월해 보세요.

Everything about you is perfect.

Every relationship is perfect.

One of the lessons I've learned is that every relationship is perfect. I used to think that all relationships had to look a certain way, or feel a certain way, and if it was a relationship I adored, it should last as long as it could. But one day I realized every relationship serves a purpose. And for that, whether it's 30 years or 3 months, it's perfect the way it is. You will learn patience, courage, power, kindness, unconditional love, and much more through the person you are with. This perspective will not make you immune to disappointment or sadness, but it will liberate you to a great extent. You don't have to change the person to treasure every moment as it is.

DAY

80

● ● ●

모든 관계는 완벽합니다.

제가 배운 교훈 중 하나는 모든 관계가 완벽하다는 것입니다. 모든 인간 관계는 어떤 식으로 보이거나 어떤 식으로 느껴야 한다고 생각하곤 했습니다. 그리고 만약 내가 사랑하는 관계라면 가능한 한 오래 지속되어야 한다고 생각했습니다. 하지만 어느 날, 모든 관계가 목적을 가지고 있다는 것을 깨달았습니다. 30년이든 3개월이든 그대로 완벽하다는 것을 배우게 되었습니다. 당신은 함께 있는 사람을 통해 인내, 용기, 힘, 친절, 무조건적인 사랑 등을 배울 것입니다. 이러한 관점은 당신을 실망이나 슬픔에 의연하게 만들지는 않겠지만, 당신의 마음을 해방시켜 줄 것입니다. 상대방을 바꾸려 하지 않아도, 모든 순간을 소중하게 여길 수 있습니다.

Every relationship is perfect.

unconditional 무조건적인　immune to ~에 영향을 받지 않는　extent 크기

PART 09

Growth

"Don't take criticism.
Take feedback."

- From Day 90 -

"비난을 받지마세요. 피드백을 받으세요 ."

When things get overwhelming

Here's what to do when things get overwhelming. First, pause for a minute to take a deep breath. You're never too busy for this. At the end of the day, you matter the most. Just stop everything for a moment and focus only on your breathing. Second, think about the next micro-action you can take. Nothing big. Any tiny action for you to move forward. It can be getting up from your chair and going for a walk or taking out a piece of paper and writing things down. Any big goals can be broken down into bite size chunks. Take one step at a time. And remember, you are powerful enough to handle any feelings.

DAY
81

● ● ●

상황이 버거울 때

상황이 버거울 때는 이렇게 해 보세요. 첫째, 호흡을 들이마시고 내쉬기 위해 잠시 멈춰 보세요. 이걸 못할 만큼 바쁜 일은 없어요. 결국에는 당신이 가장 중요합니다. 잠시만 모든 것을 멈추고 호흡 하나에만 집중해 보세요. 둘째, 당신이 바로 취할 수 있는 작은 행동 하나를 생각해 보세요. 큰 건 아니에요. 앞으로 나아가기 위한 아주 작은 행동입니다. 지금 앉아있는 의자에서 일어나 산책을 하는 것일 수도 있고, 종이 한 장을 꺼내 뭔가를 쓰는 것일 수도 있어요. 어떤 큰 목표라도 한 입 크기 정도로 잘게 나눌 수 있습니다. 그리고 한 번에 한 발을 나아가면 됩니다. 그리고 기억하세요. 당신은 어떤 감정도 다룰 수 있는 힘이 있어요.

overwhelming 견디기 어려운   pause 잠시 멈추다   break down 작은 단위로 나누다

Make the right decision.

The very first step to making the right decision comes from belief.
Believe in your capability. Believe that you are capable of deciding
what's best for you. No matter what you choose, you can create
the most wonderful result. Actually, there's no such thing as a
wrong or right decision. Whatever you decide, you can still create
the most amazing result. Our results are created by our thoughts
and actions, not by a single decision. Tell yourself that you have
the power to make the best outcome from both options. It doesn't
matter if you don't know how. You'll figure it out as you move
forward. Give yourself that trust. Commit to making awesome
results, regardless of the decision.

DAY
82

● ● ●

올바른 결정을 내리세요.

올바른 결정을 내리기 위한 가장 첫 단계는 믿음에서 나옵니다. 당신의 능력을 믿으세요. 자
신에게 가장 적합한 것을 결정할 능력이 있다는 것을 믿으세요. 어떤 것을 선택하든 가장 멋
진 결과를 만들어 낼 수 있을 거예요. 사실, 잘못된 결정이나 옳은 결정 같은 건 없어요. 당신
이 무엇을 결정하든, 당신은 가장 놀라운 결과를 만들어 낼 수 있습니다. 우리의 결과는 단 한
번의 결정이 아니라 우리의 생각과 행동에 의해 만들어집니다. 스스로에게 두 가지 선택 모두
최상의 결과를 만들어 낼 수 있는 능력이 있다고 말해 주세요. 방법을 몰라도 상관없습니다.
앞으로 나아가다 보면 알게 될 거예요. 스스로에게 신뢰를 보내 주고, 어떤 결정을 내리든 멋
진 결과를 만드는 데 전념하세요.

Make the right decision.

_____

_____

_____

_____

_____

_____

_____

_____

_____

_____

_____

_____

_____

_____

_____

make the right decision 올바른 결정을 내리다   outcome 결과   move forward 앞으로 나아
가다   regardless of ~에 상관없이

Give yourself this gift.

One of the best gifts you can give yourself is self-discipline. Learn
how to master your urges, emotions, and energy. This will be a
tremendous help in making your dreams come true. Self-discipline
is about appreciating yourself and giving yourself the freedom
to focus on the things that matter the most. But remember, you
do not have to be better in order to be worthy or happy. There's
nothing wrong with you. You are perfect. But you want to grow,
you want to improve, and you want to create more, which is a
beautiful thing. So work hard for what you're passionate about.
Be the best cheerleader and coach to yourself.

DAY
83

● ● ●

자신에게 이 선물을 주세요.

스스로에게 줄 수 있는 최고의 선물 중 하나는 자기 훈련입니다. 당신의 욕구, 감정, 에너지를
다루는 방법을 배우세요. 그것들은 여러분의 꿈을 실현하는 데 큰 도움이 될 것입니다. 자기
훈련은 스스로를 고맙게 여기고 가장 중요한 것에 집중할 수 있는 자유를 주는 것입니다. 하
지만 기억하세요. 스스로 가치를 증명하거나 행복하기 위해서 발전하는 게 아니라는 것을요.
당신에게 잘못된 건 아무것도 없어요. 당신은 완벽해요. 하지만 당신은 거기서 더 성장하고,
발전하고, 그리고 더 무언가를 만들고 싶어 해요. 그리고 그걸 원한다는 게 멋지고 아름다운
거예요. 그러니 당신이 열정을 가진 그 일을 지금 열심히 하세요. 스스로에게 최고의 치어리
더이자 코치가 되어 주세요.

Give yourself this gift.

self discipline 자기 훈련   tremendous 엄청난   freedom 자유   focus on ~에 초점을 맞추다

Don't escape.

This is the benefit of not escaping from negative emotions. You get to fully experience your beautiful human life. If you don't run away from feelings like sadness, guilt, regret, shame, anger, or boredom, you can become incredibly strong. If you can be present with the feeling, you can bond with yourself on a much deeper level. You'll trust yourself even more by having your own back and never abandoning yourself, even in the darkest and scariest places. When you decide you are not going to hide or shame yourself for having human emotions, you'll be more than "just happy." You will be ALIVE, and you will grow into the best version of yourself even in the stillness, and even in the rockiest places.

DAY

84

● ● ●

도망가지 마세요.

부정적인 감정에서 도망치지 않는 것의 장점들은 이런 게 있습니다. 인간으로서 누릴 수 있는 아름다운 삶의 모든 것들을 경험하게 됩니다. 당신이 슬픔, 죄책감, 후회, 수치심, 분노, 혹은 지루함 같은 감정들로부터 도망치지 않는다면 여러분은 믿을 수 없을 만큼 강해질 수 있습니다. 만일 당신이 그 감정들을 있는 그대로 마주할 수 있다면, 당신은 훨씬 더 깊은 수준의 스스로와 유대감을 가질 수 있게 됩니다. 스스로의 편이 되어 주고, 가장 어둡고 두려운 순간에도 절대로 스스로를 포기하지 않음으로써, 당신은 당신 자신을 더욱 신뢰하게 될 거예요. 만일 당신이 단지 인간의 당연한 감정들을 느낀다는 이유로 숨거나 자책하지 않겠다고 결심만 한 다면, 당신은 "단순히 행복한" 것을 뛰어넘는 상태가 될 거예요. 당신은 생동감이 있을 것이 며, 그리고 고요하거나 험난한 곳에서도 본인의 최상의 상태로 성장할 거예요.

Don't escape.

escape 달아나다   run away from ~부터 도망치다   bond 유대감을 형성하다   stillness 정체

It takes the same energy.

Deciding you are going to have a bad day because of someone else or because of something that happened yesterday takes energy, just like deciding you are going to take responsibility for your own feelings and enjoy your day takes energy. One might feel more natural than the other, but the amount of energy you end up putting in is not that different. If you look close enough, you'll see that neither one is easier. Do you think it's easier to give up because you are afraid of failing to live up to others' expectations? Or do you think it's easier to not care about others' opinions and focus on building what you truly love? If it's going to take the same amount of energy either way, you might as well go for what adds more value to your life.

DAY

85

● ● ●

같은 에너지가 들어갑니다.

누군가 때문에, 또는 어제 일어난 일 때문에 나쁜 하루를 보낼 것이라고 결정하는 것은 자신의 감정에 책임을 지고, 하루를 즐기겠다고 결정하는 것과 동일한 에너지가 들어갑니다. 어떤 것은 더 자연스럽게 느껴질 수도 있고, 다른 것은 그렇지 않다고 느낄 수도 있지만, 결국 당신이 쏟아 붓는 에너지의 양은 그렇게 다르지 않습니다. 자세히 들여다보면 더 쉬운 것은 없습니다. 다른 사람의 기대에 부응하지 못할까 봐 자신의 가능성을 포기하는 것이 더 쉽다고 생각하시나요? 아니면 자신의 인생에 대한 다른 사람들의 의견에 신경 쓰지 않고 자신이 진정으로 사랑하는 것을 만드는 데 집중하는 것이 더 쉽다고 생각하나요? 어느 쪽이든 같은 양의 에너지가 필요하다면, 당신의 삶에 더 많은 가치를 더하는 것을 선택하는 것이 더 좋을 것입니다.

It takes the same energy.

end up –ing 결국 ~하게 되다 live up to 기대에 부응하다 expectation 예상, 기대
opinion 의견

Change your questions.

We ask ourselves questions all the time. This is true especially
when we have problems. We ask questions like, "Am I a bad
mother?", "Am I broken?", "What's wrong with him?", "What's
in it for me?" When we ask negative questions, we get awful
answers. Then it perpetuates pain and does nothing good for you.
Without changing the situation, we can instantly feel better and
use our focus on more positive things by changing the questions
we ask ourselves. "How can I serve them better?", "How am
I already wholesome? (Find the positive evidence)", "What's
causing him to react this way? (with compassion and curiosity),
"What can I learn?" We can command our brain to go into
problem-solving mode and do it in a way that feels creative and
loving, instead of judgmental or self-pitying. Start asking yourself
good questions.

DAY
86

● ● ●

질문을 바꾸세요.

우리는 항상 스스로에게 질문을 합니다. 특히 문제가 있을 때는 더욱 그렇습니다. 우리는 "내
가 나쁜 엄마인가?", "내가 망가진 건가?", "저 사람 왜 저러지?", "나한텐 대체 무슨 이득이
있지?" 등의 질문을 합니다. 우리가 부정적인 질문을 할 때, 우리는 부정적인 답을 얻습니다.
그로 인해 고통이 지속되고 아무런 도움도 되지 않습니다. 상황을 바꾸지 않고도 우리는 스스
로에게 묻는 질문을 바꿈으로써 즉각적으로 기분이 나아지고 더 긍정적인 것에 집중할 수 있
습니다. "어떻게 하면 내가 더 잘 도울 수 있을까?", "내가 이미 온전함을 어떻게 발견할 수 있
을까?(긍정적인 증거 찾기)", "무엇 때문에 그 사람은 이런 반응을 보이는 걸까? (연민과 호
기심을 가지고), "나는 무엇을 배울 수 있을까?" 우리는 우리의 뇌가 문제 해결 모드로 들어
가도록 명령할 수 있고, 창의적인 방법과 사랑이 느껴지는 방법으로 문제를 해결할 수 있습니
다. 스스로를 판단하거나 자기 연민을 느끼지 않으면서 말이죠. 자신에게 좋은 질문을 시작하
세요.

perpetuate 지속시키다   wholesome 건강에 좋은, 유익한   compassion 연민
command 명령하다   self pity 자기 연민

Be selective.

Are you intentional in selecting the content you consume every day? If not, this is a sign that you should. Everything that you listen to and watch affects you. The important question is, do they drown you with worry, fear, and doubt? Or do they motivate you to be better, inspired, and joyful? Some might argue that you need to be informed with as much information as possible. Yes, we should listen to those who are experiencing terrible things on the other side of the world. However, if you can't act from where you are standing right now, just being aware of it or thinking about it alone will not change anything. You need to be selective when it comes to feeding your brain and soul. Because at the end of the day, they should serve you.

DAY
87

● ● ●
선별하세요.

매일 소비하는 콘텐츠를 의도적으로 선택하고 있나요? 그렇지 않다면, 이 글은 당신이 소비하고 있는 콘텐츠를 의도적으로 선택해야 한다는 사인입니다. 당신이 듣고 보는 모든 것은 당신에게 영향을 주기 때문입니다. 내가 소비하고 있는 것들을 향해 해야 할 중요한 질문은 이것입니다. 당신이 보는 콘텐츠들이 당신을 걱정, 두려움, 의심으로 빠져들게 하나요? 아니면 여러분이 더 나아지도록 동기를 부여하고, 영감을 주고, 즐거움을 주나요? 어떤 사람들은 당신이 모든 정보를 알아야 한다고 주장할 수도 있습니다. 지구 반대편에서 끔찍한 일을 겪고 있는 사람들의 목소리를 들어야 함은 맞습니다. 그러나, 만약 여러분이 그들을 위해 할 수 있는 행동을 취하지 않는다면, 단지 문제를 의식하거나 생각만 한다면, 아무것도 바뀌지 않을 것입니다. 당신의 두뇌와 영혼을 배불리 할 때 아무것이나 섭취하지 않고 까다롭게 선별해야 합니다. 결국엔 그것들이 당신을 섬겨야 하기 때문입니다.

Be selective.

selective 조심해서 고르는   consume 소비하다   argue 논쟁을 하다   brain 뇌
serve 도움이 되다, 기여하다

Loneliness is part of life.

Experiencing loneliness is part of life. Sometimes you may feel like you are in the darkest and scariest places all by yourself. Sometimes nobody can truly understand you or give you what you need. You may have many people around you. You can talk to them at any time, but it's been so long since you've felt a deep connection where you can just be your authentic self. Or even if you have amazing relationships in your life, you may still experience loneliness. Everybody experiences this. Embrace it as a part of a beautifully imperfect life. And use it as an opportunity to get to know yourself better. Practice giving yourself the things you deserve like unconditional love, intimacy, appreciation, and validation.

DAY
88

● ● ●

외로움은 삶의 일부분입니다.

외로움을 경험하는 것은 삶의 일부입니다. 때때로 여러분은 혼자 가장 어둡고 무서운 곳에 있는 것처럼 느껴질 수도 있습니다. 가끔은 누구도 당신을 진정으로 이해하거나 그 순간 당신이 필요한 것을 줄 수 없습니다. 주변에 많은 사람들이 있을 수 있습니다. 그들과 항상 대화를 나누지만, 진정한 자신이 될 수 있는 깊은 연결 고리를 느낀 것은 너무 오랜만 일 수 있습니다. 또는 당신이 인생에서 아름다운 관계를 맺고 있다고 해도, 당신은 여전히 외로움을 경험할 수 있습니다. 누구나 겪는 일입니다. 외로움을 아름답고 불완전한 삶의 일부로 받아들이세요. 그리고 그것을 당신을 더 잘 알아가고, 무조건적인 사랑, 친밀감, 감사, 그리고 인정과 같은 당신이 마땅히 받아야 할 것들을 스스로에게 주는 기회로 사용하세요.

Loneliness is part of life.

loneliness 외로움   embrace 받아들이다, 수용하다   intimacy 친밀함   validation 인정

Meet wonderful people.

You should only surround yourself with people who push you to be a better version of yourself.

Life is too short to be with people who constantly suck the energy out of you. And if you want to be with wonderful people, you first have to be someone that you want to spend time with.

How do you be that person? Reinvent yourself, love yourself, discipline yourself, and be wholehearted.

Wherever you go or whoever you meet, whether it's a potential client, partner, or co-worker - instead of asking questions like, "What's in it for me?" or "How can I not get hurt?" change your questions to, "How can I give value?" or "What can I learn?" Then good people will find you and want to work with you.

DAY
89

• • •

멋진 사람들 만나세요.

여러분은 자신을 더 나은 모습으로 만들어 주는 사람들 곁에 있어야 합니다. 당신의 에너지를 끊임없이 빨아들이는 사람들과 함께 하기엔 삶은 너무 짧습니다. 당신이 멋진 사람들과 함께 있고 싶다면, 먼저 당신이 시간을 보내고 싶은 사람이 되어야 합니다. 어떻게 그런 사람이 될 수 있을까요? 자신을 더 나은 모습으로 재창조하고, 자신을 사랑하고, 자신을 단련하고, 마음을 다하는 사람이 되세요. 잠재적인 고객, 파트너, 동료 등 어디를 가든지 누구를 만나든지 간에 "나에게 이득이 되는 것은 무엇일까?" 또는 "어떻게 하면 다치지 않을 수 있을까?"라는 질문을 "어떻게 하면 상대방에게 가치를 줄 수 있을까?" "무엇을 배울 수 있을까"라는 질문으로 바꿔 보세요. 그러면 좋은 사람들이 당신을 찾을 것이며, 당신과 함께하길 원할 것입니다.

surround 둘러싸다   suck 빨아 먹다   reinvent 재창조하다   potential 잠재적인

Don't take criticism.

Don't take criticism. Take feedback. Take it as a lesson
from those who can teach you something. If you don't take it
personally, it will not discourage you, it will just be feedback
that can improve your performance. Don't take criticism if it's not
constructive. Especially don't take criticism from spectators who
have never fought and been defeated in the arena. They will
say whatever they want, and you don't deserve to listen to those
shallow comments. Be humble and always be the learner, but at
the same time, believe that you are fully capable of reaching your
goals. Don't let anything stop you.

DAY
90

● ● ●

비난받지 마세요.

비난을 받지 마세요. 피드백을 받으세요. 당신에게 무언가를 가르쳐 줄 수 있는 사람들의 수
업으로 받아들이세요. 개인적으로 받아들이지 않는다면, 실망할 필요도 없고, 자신의 성과
를 향상시킬 수 있는 피드백이 될 것입니다. 건설적이지 않은 비판은 받아들이지 마세요. 특
히 경기장에서 직접 싸워 본 적도 없고 패배한 적도 없는 관중들의 비난은 받아들이지 마세
요. 그들은 언제나 하고 싶은 말을 할 것이고, 당신은 그런 얕은 말들을 들을 만한 사람이 아
닙니다.
겸손하게 항상 배우는 사람이 되고, 동시에 목표를 충분히 달성할 수 있다는 것을 스스로 믿
으세요. 그리고 그 무엇도 당신을 가로막게 하지 마세요.

Don't take criticism.

criticism 비난   discourage 좌절시키다   constructive 건설적인   defeat 패배

PART 10

Power

"You have the power
to heal yourself."

- from Day 91 -

"당신은 스스로를 치유할
힘이 있습니다"

You have the power to heal yourself.

Whenever you feel like you're hurt, remember this. Like the ocean that heals itself, your body has the power to heal itself as well. Your heart and mind can do the same with truth and love. Know that whatever happened doesn't equal your present. Know that whatever he or she says doesn't change your worth.

Witness that the problems didn't break you down, but has built you stronger. But this is not an automatic process. It has to be a deliberate practice. Even if you have the power but don't use it, you'll never experience the effect of it. You are not weak. You are stronger than you think. You can handle any emotion. You can figure out any problem. Start telling yourself truths about what you are capable of.

DAY
91

● ● ●

당신은 스스로를 치유할 힘이 있습니다.

마음이 아플 때면 이걸 기억하세요. 바다가 스스로 치유하듯이, 여러분의 몸도 스스로 치유하는 힘이 있습니다. 당신의 마음과 마인드는 진실과 사랑을 이용해서 바다처럼 스스로 치유할 수 있습니다. 나에게 과거에 무슨 일이 일어났건, 그게 현재의 나와 같지 않다는 것을 기억하세요. 그 누가 당신에게 어떤 말을 하든지 상관없이, 당신의 가치는 변하지 않아요. 당신이 겪은 문제들이 당신을 망가뜨린 게 아니라 더 강하게 만들어 줬다는 사실을 떠올려 보세요. 하지만 이것은 자동적으로 되는 과정들이 아닙니다. 의도적인 연습이 필요한 일들입니다. 여러분이 아무리 치유할 수 있는 힘이 있다고 해도, 그 힘을 쓰지 않는다면 그 효과를 전혀 느낄 수가 없어요. 당신은 약하지 않아요. 당신은 당신이 생각하는 것보다 더욱 강해요. 당신은 어떤 감정도 감당할 수 있어요. 당신은 어떤 문제도 해결할 수 있습니다. 당신이 할 수 있는 일들에 대해 스스로에게 진실되게 이야기할 시간입니다.

break down 무너뜨리다   automatic 자동의   deliberate 의도적인
handle emotions 감정을 조절하다   figure out 해결하다

Everything happens for a reason.

How do you talk to yourself after a tough day?
What's your interpretation of a day that's been challenging for
you? You can be sad, frustrated, or mad. There's nothing wrong
with feeling negative emotions. But oftentimes, we forget that the
story we tell ourselves is what makes everything more painful than
it actually is. Life happens for you, not against you. That means,
you'll go through difficult days because they shape you into the
person you're meant to become. If you can look at the problems in
life as opportunities for you to evolve and grow, nothing will break
you down. You'll take every journey whole-heartedly and you'll
become unstoppable, instead of running away.

DAY
92

● ● ●
모든 일에는 다 이유가 있습니다.

당신은 힘든 하루를 보내고 나서 스스로에게 어떤 말을 하나요? 힘든 하루를 보낸 것에 대한
당신의 해석은 무언가요? 당신은 슬프고, 좌절하고, 화가 날 수 있습니다. 부정적인 감정을 느
끼는 것은 아무 문제가 없습니다. 하지만 종종 우리는 우리 스스로에게 말하는 이야기가 모든
것을 실제보다 더 고통스럽게 한다는 사실을 잊곤 합니다. 인생의 모든 일들은 당신을 방해하
기 위해서가 아니라, 당신을 돕기 위해 일어납니다. 다시 말해, 당신이 되고 싶고 되어야 하는
그 사람을 만들기 위해, 앞으로도 많은 어렵고 힘든 날들을 겪게 될 것입니다. 인생의 문제들
을 발전하고 성장할 수 있는 기회로 볼 수 있다면, 그 무엇도 당신을 무너뜨릴 수 없을 것입니
다. 당신은 모든 여정을 진심으로 받아들일 것이고, 멈출 수 없는 강한 사람이 될 거예요. 도망
가는 대신에요.

interpretation 해석   go through 통과하다   shape into ~를 만들다   evolve 진전하다

All you need to change is yourself.

You cannot change what happened last year, but you can change how you look at it. You cannot change people, but you can change how you look at them. I'm not saying to accept everything as it is and live helplessly. In fact, I'm saying the opposite. You are the author of your life, so you always get to decide what each story means. You can rewrite your beginning and ending. Most importantly, you can change the results you get in the future. The worst case scenario will not play out in your reality. But, even if it does, you get to decide the ending of that scenario. You can either become stronger, or you can beat yourself up. There are things you can change. All you need to change is yourself. Then, you will be surprised by the many amazing possibilities waiting to unfold in front of you.

DAY
93

● ● ●

당신이 바꿔야 하는 것은 그냥 당신입니다.

작년에 일어난 일은 바꿀 수 없지만, 당신이 그걸 바라보는 관점은 바꿀 수 있습니다. 다른 사람을 바꿀 수 없지만, 그들을 바라보는 당신의 시선은 바꿀 수 있습니다. 모든 것을 있는 그대로 받아들이고 어쩔 수 없이 살자는 것이 아니에요. 사실은 그 반대입니다. 당신은 스스로의 인생을 쓰는 작가이기 때문에 각각의 이야기가 무엇을 의미하는지 항상 결정할 수 있습니다. 시작과 끝을 다시 쓸 수 있는 거죠. 무엇보다 중요한 건, 당신은 미래에 다가올 결과들을 바꿀 수가 있다는 것입니다. 최악의 시나리오는 현실에서 일어나지 않을 거예요. 하지만 그 일이 일어난다고 해도, 그 시나리오의 끝은 스스로 결정할 수가 있어요. 그 일로 더 강해질 수도 있고 그 일로 인해 스스로 자책할 수도 있어요. 당신이 바꿀 수 있는 것들이 있어요. 당신이 바꿔야 하는 것은 그냥 당신입니다. 그렇게만 한다면 여러분 앞에 펼쳐질 수많은 놀라운 가능성을 확인하며 놀라게 될 거예요.

_____

_____

_____

_____

_____

_____

_____

_____

_____

_____

_____

_____

_____

_____

_____

_____

_____

_____

_____

helplessly 어쩔 수 없이   worst case scenario 최악의 경우   possibility 가능성
unfold 펼쳐지다

Think about what you can give.

"Am I good enough?", "What if people don't like me?" If you are having thoughts like these, they're stopping you from showing up as your best self. It's not about you. Stop thinking about yourself, and start thinking about what you can give to other people. Dwelling on your limitations only blocks you from what you are capable of. Even if you need to get credentials, you've got to put yourself out there believing you're helping people live a better life. If you can help, that's all you need to think about. Choose to focus on that. That will allow you to access your own genius and serve others best.

DAY
94

당신이 줄 수 있는 것에 대해 생각하세요.

"내가 충분한가?", "사람들이 날 싫어하면 어떡하지?" 만약 당신이 이런 생각을 한다면, 그것은 당신이 최상의 모습으로 나타나지 못하게 가로막을 것입니다. 당신 때문이 아닙니다. 자신에 대해서 생각하는 것을 멈추고 사람들에게 무엇을 줄 수 있는지 생각해 보세요. 자신의 한계에 연연하는 것은 단지 당신의 능력을 제한시킬 뿐입니다. 비록 자격증을 따야 한다 하더라도, 내가 하는 일로써 사람들이 더 나은 삶을 살 수 있게 도울 것이라고 믿으며 도전해야 합니다. 당신이 도울 수 있다면 그것만 생각하세요. 도움에 초점을 맞추세요. 그러면 당신이 가지고 있는 지혜를 사용하고, 사람들을 최선을 다해 돕는 것이 가능해질 것입니다.

_____

_____

_____

_____

_____

_____

_____

_____

_____

_____

_____

_____

_____

_____

_____

_____

dwell on ~을 깊게 생각하다   credentials 자격

Motivation can be useless.

Motivation is useless unless you take action. Thoughts and beliefs will turn against you if you just dream and don't do anything. Don't get me wrong. Keep inspiring yourself. Visualizations are awesome. Do write your goals down and believe in them. But it's imperative you do what feels awkward, uncomfortable, or even daunting to propel yourself forward. You are in charge of your own life. Nobody else can guarantee you substantial results. Get in there like a boss, no matter where you are. Don't wait for things to happen. Take massive actions. Otherwise, you can only enjoy dreaming about your goals and you'll eventually regret who you could have been.

DAY
95

● ● ●

동기 부여는 무용지물이 될 수도 있습니다.

동기 부여는 실제로 행동을 옮기지 않는 한 무용지물입니다. 아무것도 하지 않고 꿈만 꾸면 생각과 믿음은 오히려 당신을 방해할 것입니다. 오해하진 마세요. 계속 스스로에게 영감을 주세요. 시각화를 하는 것은 정말 멋집니다. 당신의 목표를 적고 그것을 믿으세요. 그러나 앞으로 나아가기 위해서는 어색하거나, 불편하거나, 심지어 두려움을 느끼는 행동을 실제로 하는 것이 필수적입니다. 당신은 당신의 삶을 책임지고 있습니다. 그 누구도 실질적인 결과를 장담할 수 없습니다. 당신이 어디에 있든 주인으로 있으세요. 무슨 일이 일어나기를 기다리지 마세요. 행동력을 기르세요. 그렇지 않으면, 목표에 대한 꿈만 꾸다 결국 여러분이 "될 수 있었던 것"에 대해 후회하며 살아갈 수 있습니다.

_____

_____

_____

_____

_____

_____

_____

_____

_____

_____

_____

_____

_____

_____

_____

_____

Don't get me wrong 오해하지 마세요   visualization 시각화   imperative 반드시 해야 하는
substantial 실질적인

Do the work.

Don't wish for magic to happen.
"Million-dollar-making master online course" can do nothing for you unless you believe in your own ability and take massive actions. Nothing can make the magic happen except you.
At the end of the day, you've got to do the work. There's no other way. Do you want a happier relationship with your parents? Initiate the difficult conversation even when you don't know how it will turn out. Do you want to close more deals? Push through your doubts and work on your craft anyway. You have enough tips and tricks. Stop looking for "easier ways." It's a never-ending game. Do the actual work.

DAY
96

• • •

행동하세요.

마법 같은 일어나길 바라지 마세요. 만약 당신이 자신의 능력을 믿고 거침없는 행동을 취하지 않는 한 "백만 달러짜리 온라인 마스터 과정"은 당신에게 그 어떤 것도 해 줄 수 없습니다. 당신을 제외하고는 그 어떤 것도 마법을 부릴 수 없습니다. 결국, 당신이 해야 합니다. 다른 방법은 없습니다. 부모님과 더 행복한 관계를 원하나요? 대화의 결과가 어떻게 될지 몰라도 어려운 대화를 먼저 시도하세요. 더 많은 거래를 성사시키기 원하시나요? 의심을 뚫고 어떻게든 당신의 기량을 개발시키세요. 당신은 이미 많은 방법들을 충분히 알고 있습니다. "더 쉬운 방법"은 그만 찾으세요. 방법만 찾는 것은 도저히 끝나지 않습니다. 실제 행동을 취하세요.

at the end of the day 결국 가장 중요한 것은   initiate 시작하다   craft 기술, 재주

Influence people.

If you want people to change, instead of teaching them what to do, inspire them. In other words, you need to change yourself before you can change other people. People are not very motivated by rewards unless it's really relevant to them. So, "If you do this, I'll give you this" is not that effective. If you want your partner to be loving towards others, show him or her how much you appreciate people around you. Model the way you talk, the way you respect, and the way you serve. Let them witness how it gives incredible value not only to you, but to them. If you really want to change them to be better, influence them rather than lecturing them.

영향력을 미치세요.

만약 당신이 사람들이 변화하기를 원한다면, 그들에게 무엇을 해야 하는지 가르쳐 주는 대신 그들에게 영감을 주세요. 다시 말해, 누군가를 변화시키기 전에 스스로를 변화하세요. 사람들은 자신과 매우 관련 있는 것이 아니라면 보상 자체에 크게 동기 부여를 받지 않습니다. "이렇게 해 준다면 대신 이걸 줄게"라는 것은 효과가 크지 않습니다. 만약 당신의 파트너가 다른 사람들을 사랑으로 대하길 원한다면, 당신이 주변 사람들을 얼마나 감사하게 생각하고 있는지 보여 주세요. 당신이 그들에게 어떻게 말을 건네고, 어떻게 존중하고, 어떻게 돕는지 본보기로 보여 주세요. 그리고 그렇게 하는 것이 당신에게뿐 아니라 그들에게도 얼마나 놀라운 가치를 제공하는지 직접 목격하게 하세요. 사람들이 진정으로 더 나은 모습으로 변화하길 원한다면, 그들을 말로 가르치기보단, 그들에게 영향을 주세요.

_____

_____

_____

_____

_____

_____

_____

_____

_____

_____

_____

_____

_____

_____

_____

_____

_____

motivate 동기를 부여하다   rewards 보상   relevant 유의미한   rather than ~보다는

Life is about perspective.

Life is about perspective. Your perspective
decides the quality of your life.
So my question for you is, "How do you want to look at your life?"
Do you want to look at your struggles and say, "My life is a mess!"
or say, "My life is perfect the way it is. I'm grateful that I get to be
in it. I will come out the other side stronger?" You always get to
choose what you make things mean. You can believe whatever
you want about your life. That's your power, and no one can take
that away from you. Choose the perspective that moves you,
motivates you, and makes you love your life.

DAY
98

● ● ●
인생은 관점에 대한 것입니다.

인생은 관점에 대한 것입니다. 당신의 삶에 대한 관점이 여러분 삶의 질을 결정짓습니다. 그
래서 저의 질문은 다음과 같습니다. "당신은 삶을 어떻게 바라보고 싶으신가요?" 당신이 힘
겨울 때 "내 인생은 엉망이야"라고 생각하고 싶나요? 아니면 "내 인생은 있는 그대로 완벽
해. 인생을 살 수 있어서 감사해. 난 이 일로 더 강해질 거야."라고 말하고 싶나요? 당신은 항
상 주위에서 일어나는 모든 일들을 어떻게 해석할지 결정할 수 있어요. 스스로의 인생에 대해
여러분이 원하는 방식대로 믿을 수 있어요. 그게 여러분의 힘이고, 아무도 그 힘을 여러분으
로부터 빼앗을 수 없어요. 여러분을 움직일 수 있도록 해주고, 동기 부여를 해 주고, 그리고 스
스로의 인생을 사랑할 수 있게 해 주는 '관점'을 선택하세요.

struggle 투쟁, 분투   mess 엉망인 상태   grateful 고마워하는   mean 의미하다

Confidence is the ability to be humble.

Real confidence does not mean having a big ego.
It does not mean having a bossy attitude, or not caring about
anybody's opinions. Real confidence is the ability to be humble. If
you are confident, you can truly be grateful to the people around
you, because you are not afraid that they might take advantage of
you.
You don't manipulate others into liking you. You don't try to prove
yourself to the critics, because you are your biggest fan. You
normalize the messy part of life. If people don't listen to you, don't
waste your time trying to teach them a lesson. Instead, show
them a better way. That's real confidence.

DAY

99

● ● ●

자신감은 겸손할 수 있는 능력입니다.

진정한 자신감은 자존심이 세다는 것을 의미하지 않습니다. 진정한 자신감은 거만한 태도를
갖거나 다른 사람의 의견을 신경 쓰지 않는 것을 의미하지 않습니다. 진정한 자신감은 겸손해
지는 능력입니다. 당신이 자신감이 있다면 주변 사람들이 나를 이용할까봐 두려워하지 않기
때문에 그들에게 진심으로 감사할 수 있습니다. 진정한 자신감은 다른 사람들이 나를 좋아하
도록 조종하지 않습니다. 진정한 자신감은 비평가들에게 자신을 증명하려고 하지 않습니다.
왜냐하면 자신이 스스로의 열렬한 팬이기 때문입니다. 진정한 자신감은 인생의 어지러운 부
분도 자연스러운 것으로 받아들입니다. 만약 사람들이 당신의 말을 듣지 않는다면, 그들에게
교훈을 주려고 시간을 낭비하지 마세요. 대신, 그들에게 더 나은 방법을 보여 주세요. 그것이
진정한 자신감입니다.

confidence 자신감   bossy attitude 거만한 태도   humble 겸손한   manipulate 조종하다
prove 입증하다

You always have power.

Let me remind you how powerful you are. You have the power to believe in new things. You have the power to heal yourself and other people. You have the power to create change within yourself and in the community that you want to serve.

You have the power to let go of the stories that hurt you. You have the power to figure out anything, whatever it may be. This doesn't mean believing, healing, changing, or creating happens automatically. You need to be intentional. You need to keep practicing your power. You need to push through doubt. Be the witness of your own magical power.

DAY
100

당신에겐 항상 힘이 있습니다.

당신이 얼마나 강한지 상기시켜 드리겠습니다. 당신은 새로운 것을 믿는 힘이 있습니다. 당신은 자신과 사람들을 치유할 수 있는 힘을 가지고 있습니다. 당신은 당신과 당신이 돕고 싶은 공동체를 변화시킬 힘이 있습니다. 당신은 당신을 아프게 하는 이야기들을 떨쳐버릴 힘이 있습니다. 당신에겐 뭐든 해결해 낼 수 있는 힘이 있습니다. 그게 무엇이 되었든지 말이죠. 힘이 있다는 것은, 믿음, 치유, 변화, 창조해 내는 것 등 내가 가지고 있는 힘의 가능성들이 자동적으로 발현된다는 것을 의미하지 않습니다. 의도적으로 행동해야 합니다. 계속 연습해야 합니다. 스스로를 의심하는 목소리를 뚫고 행동에 옮겨야 할 것입니다. 마법 같은 스스로의 힘의 증인이 되어 보세요.

community 공동체   push through 끝까지 해내다